Published by 3A Corporation

Trusty Kojimachi Bldg., 2F, 4, Kojimachi 3-Chome, Chiyoda-ku, Tokyo 102-0083, Japan

ISBN 978-4-88319-878-8

First published 2021
Printed in Japan

START LINE SERIES - NAVI QUIZ METHOD

L
ISTENING

スタートライン

# TOEIC® L&Rテスト リスニング 解き方の スタートライン

中村信子・山科美智子 著

スリーエーネットワーク

# はじめに

「リスニングってどうしたらできるようになりますか？　解答を見ると知っている単語ばかりなのに音が聞き取れないんです」こんな相談をよく受けます。

目で見れば分かる単語でも音だけだと認識できない、あるいは、文の中で他の単語とつながって発音されると聞き取れない、という経験は誰にでもあるのではないかと思います。リスニングスキルを伸ばす具体的な方法が分からないという悩みもよく聞きます。

本書では、どうしたら英語が聞き取れるようになるのか、単語から文、そしてTOEICで出題される会話や説明文を聞き取って、内容を理解するためにはどのような訓練をしたらいいかを根本から考えて、聞き取るスキルを5つのステップに分けてシステム化しました。

## 1. Words & Phrases —— 単語やフレーズの発音を学ぶ

問題を解く前に、問題に登場する単語やフレーズの音を聞き、意味を覚え、発音します。意味が分からない単語や発音できない単語は聞き取れません。それをまずここで解消します。本書に出てくる単語やフレーズはTOEICに頻出のものばかりです。

## 2. 解こう —— リスニング問題に挑戦

実際にTOEICの各パートのリスニング問題を解いてみます。実力を試しましょう。

## 3. 聞こう —— 英語の書き取りで自分の聞き取り力を確認

リスニング問題の文章（スクリプト）を見てみましょう。空欄がありますので、音声を聞いて、そこに聞き取った単語を書いていきましょう。つづりは間違っていても大丈夫です。内容理解の重要なヒントになる部分が空欄になっていますので、この部分が聞き取れれば正解できます。音声は何度聞いても構いません。

## 4. ナビクイズ —— 解き方のルートを確認

解き方のコツと正解ルートを示したナビクイズを解きましょう。正しい選択肢に〇をつけながら進んでいけば正解にたどり着きます。「聞こう」のスクリプトと音声を使って確認していきましょう。

## 5. 音読 —— スキルを定着

解答と訳を確認した後で、スクリプトを音読します。各Unitの音読のコツに従って、音声を聞きながら、そっくりに発音できるように何度も練習してみましょう。発音ができれば聞き取れるようになりますから、リスニング力アップのために、音読はとても重要です。

本書は『TOEIC® L&Rテスト リーディング 解き方のスタートライン』のリスニング編として誕生いたしました。リーディング編同様、とことん親切で詳しい解説にこだわった学習書です。本書の至るところにはステップアップのはしごが架けられています。そのはしごを一段一段登って、「聞こえるようになった！」という喜びをたくさん味わいつつ、確実にリスニング力を伸ばしていってください。

本書の執筆にあたり、刊行の機会をくださったスリーエーネットワークさん、問題を作成してくださったロス・タロックさん、イラストを担当してくださった矢戸優人さん、編集にご尽力くださった株式会社エンガワの新城さん他、本書に関わってくださったたくさんの皆さまに感謝申し上げます。

中村信子
山科美智子

# Contents 目次

音声ダウンロード　音声は下記のURLまたはQRコードから無料でダウンロードできます。
https://www.3anet.co.jp/np/resrcs/595420

abceed　スマホのAI英語教材アプリのabceedでも音声を提供しています。
https://www.abceed.com/　「解き方のスタートライン」で検索してください。

# 本書の構成と使い方

## ❶ タイトル
それぞれのUnitで勉強するPartと問題タイプが示されています。

## ❷ ナビポイント3カ条
正解を導くための重要なポイントが3つ書かれています。解説全体を読み終わってから、こちらで重要な聞き取りのポイントや解き方を確認するのもオススメです。

---

**01** **Part 1** 写真問題①
**1人の写真**

**ナビポイント3カ条**

➤ 進行形の動詞＋名詞が写真と合っているかどうかを確認しよう。

➤ していない動作は不正解だよ。

➤ 写っていない物は不正解だよ。

Part 1では、人物や風景の写真問題が6問出題されます。Unit 01では、1人だけ写っている人物写真問題の解き方を学びましょう。

### 動詞＋名詞が聞きどころ

**進行形を聞き取ろう**
問題の選択肢 (A) – (D) は全て、写真に写っている男性または女性が主語になっています。主語に続けて、「(写真の中では)ジャケットを着ています」「書類を見ています」のように、現在進行形 (is -ing) で動作が描写されます。写真内❶～❸の動作は、進行形を使った英文❶～❸で表せます。

◀)) 01.3

| | 動詞（～している） | | 名詞（～を） |
|---|---|---|---|
| ❶ A man is | holding 持っている | a | brush. ブラシ |
| ❷ The man is | wearing 身につけている | | pants. ズボン |
| ❸ He's (He is) | cleaning 掃除している | the | floor. 床 |

聞きどころ！

同じ写真でも、注目するところによって異なる表現になりますね。問題を解くときに、和訳しようとすると聞き逃しますよ。英語の語順のまま、(A) – (D) の動詞と名詞（目的語）を聞き取って、写真と合っているかどうかを1つずつ確認していきましょう。

14

---

**していない動作は不正解**
写真内の動作❶～❸と (A) – (D) の英文を見比べて確認しましょう。していない動作は不正解です。

◀)) 01.4

| (A) A man is sweeping the floor. (男性が床を掃いている) | → | 正解 （写真内❸と一致） |
|---|---|---|
| (B) A man is putting on long pants. (男性が長ズボンをはこうとしている) | → | 不正解 |
| (C) A man is wiping a table. (男性がテーブルを拭いている) | → | 不正解 |
| (D) A man is moving a chair. (男性が椅子を動かしている) | → | 不正解 |

すでに着ている場合は wearing、袖を通している途中でこれから着ようとしている場合は putting on ～ で表します。

**写っていない物は不正解**
写真内の動作❶～❸と (A) – (D) の英文を見比べて確認しましょう。写っていない物は不正解です。

◀)) 01.5

| (A) He's wearing long pants. (彼は長ズボンを身につけている) | → | 正解 （写真内❷と一致） |
|---|---|---|
| (B) He's holding some documents. (彼は書類を持っている) | → | 不正解 |
| (C) He's moving a garbage can. (彼はごみ箱を動かしている) | → | 不正解 |
| (D) He's cleaning a window. (彼は窓を掃除している) | → | 不正解 |

(B)書類、(C)ごみ箱、(D)窓は写っていないので不正解です。

### 大きく聞こえる聞きどころ・つながる音と弱い音

英語は波のようなリズムで発音されます。一般動詞や名詞は強く、冠詞やbe動詞は弱く発音されます。正解を選ぶためには、強く大きく発音される動詞や名詞に注目します。次の例は、TOEIC頻出表現です。太字を強く、（スラー）はつなげてリピートしてみましょう。色の薄い t, k, d はうんと弱い音です。

◀)) 01.6

**operating a photocopier** (操作している コピー機を)
アペレイティン ア フォトコピア

**fixing a machine** (修理している 機械を)
フィクスィン ア マシーン

**leaning against the wall** (寄りかかっている 壁に)
リーニン アゲンスト ザ ウォール

**picking up a book** (持ち上げている 本を)
ピキン アプ ア ブッ

**pointing at the whiteboard** (指さしている ホワイトボードを)
ポインティン アッ ザ ワイ(ト)ボー

**talking on the phone** (話している 電話で)
トーキン アンザ フォウン

Let's try

15

---

## ❸ 解説
各Unitのリスニング問題の解き方のコツが解説されています。それに合わせたリスニングエクササイズやスクリプトの音声がありますので、ダウンロードした音声を聞いて学習してください。

## ❺ ナビクイズ例題

【解こう】 音声を聞いて設問を解いてみましょう。Part 1、Part 2は各選択肢の前にある□の中に、正答なら〇、誤答なら×を入れましょう。Part 3、Part 4は正しい選択肢に〇をつけましょう。

【聞こう】 問題の音声を聞いて、スクリプトの空欄の部分に単語を書き込みましょう。つづりは間違っていても大丈夫です。分からない時は音をカタカナで書いても構いません。

【ナビクイズ】 解き方のコツと正解ルートが示されています。（　　　）内の適切なものに〇をつけて解き方を完成させましょう。

本書はUnit単位でTOEICリスニング問題の解き方を学んだ上で、
正解に至るルート を確認する 「ナビクイズ」 を解くように構成されています。

**4 Words & Phrases**

ナビクイズ例題と問題を解く前に、出て
くる単語やフレーズを紹介しています。
音声と意味を確認しましょう。目で見て
意味が分かる単語であっても、音声を聞
いただけで理解できるかどうかが大切
です。音声に合わせて発音してみましょ
う。その後、問題の中に出てきたとき、
実際に聞き取れるか試してみましょう。

**7 ナビクイズ問題**

Unitで解説されているの
と同じタイプの問題が出題
されています。学んだスキ
ルを活かして解いてみま
しょう。
例題と同様に【解こう】【聞
こう】【ナビクイズ】の順番
で出題されています。

**9 インデックス**

ページの右側にUnitごと
にタイトルが示されていま
す。もし自分の不得意な分
野から勉強したいという場
合は、こちらで学びたい分
野のタイトルを探して、そ
のページから始めても構い
ません。

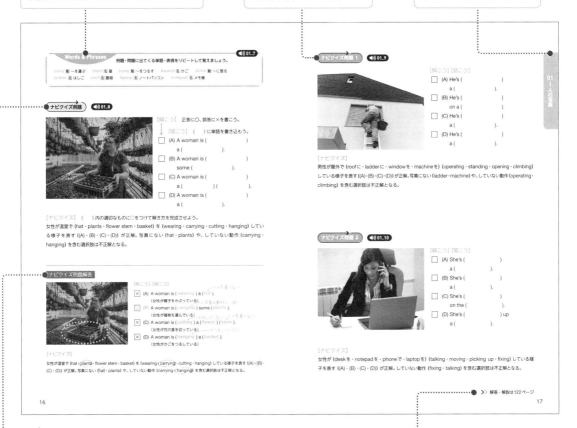

**6 ナビクイズ例題解答・解説**

【解こう】 設問の正解が青字で示されています。
【聞こう】 スクリプトの空欄の部分に入る単語
が青字で示されています。
**STEP UP** では、知っておくとプラ
スになる解法のコツや重要表現が示
されています。
【ナビクイズ】 正解が○で囲まれています。正
解にたどり着くルートを確認し
ましょう。

**8 ナビクイズ問題解答・解説**

ナビクイズ問題の解答と解説のページが
示されています。スクリプトとその訳、
正答の理由、誤答の理由、解き方を確認
してスキルアップにつなげましょう。

# 英語を聞き取る4つのコツ

## 1. 「ジャフライ」の正体

　旅先のハワイでお店に寄ったときのことです。店員さんは入ってくる私に「ハーイ」と声をかけて、こう言いました。

「ジャフライ」

　一瞬のことで、意味は全く分かりませんでした。英語は勉強していたけれど、リスニングは大の苦手。いらっしゃいませ？　買い物の注意？　笑顔でごまかしたけれど、モヤモヤします。あれこれネットを検索したところ、「ジャフライ」の正体が分かりました。

How was your flight? （フライトはどうでしたか）

　日本人観光客と見て、あいさつ代わりに声をかけてくれたのでしょうね。見れば分かるこのフレーズが、なぜ聞き取れなかったのだろう。分かったら、Good. と一言返せたのに。

　その後、「発音できれば聞き取れる」という言葉と出合いました。音読練習を重ねると、聞き取れる英語がどんどん増えていったのです。日本語風に「ハウワズユアフライト」と発音していたから聞き取れなかったんだと納得しました。英語話者は「ハウワズユアフライト」なんて言っていないのですから。冒頭のhowは聞き逃したのでしょう。be動詞のwasは弱く発音される単語です。語末の「ズ」とyourがつながって、「ジャ」。flightの最後のtはうんと弱くなって「フライ」。なぜ「ジャフライ」になったのかも分かりました。

　リスニングは、外から入ってくる音と脳内音声のマッチング。日本語風にしないで、英語の音をそのまま脳内にインプットしておく必要があるのです。

## 2. 英語を聞き取る4つのコツ

　「発音できれば聞き取れる」と言われても、ピンとこないかもしれませんね。それでは、短い文で試してみましょう。 🔊 01_1 を聞いてみてください。

🔊 01_1

　「何の書類を記入すべきですか」What documents should I fill out?　と尋ねています。練習後にビフォー・アフターを比べるので、今感じた「聞こえ方」を覚えておいてくださいね。ここから、「速い」「難しい」と感じる英語が聞き取れるようになるコツを4つ紹介します。

① 単語——知っているから聞き取れる

　そもそも頭に入っていない単語は、100回聞いても聞き取れません。言い換えれば、単語をたくさん知っているほど、聞き取れるようになります。ただし、見て覚えるだけでは不十分。重要なのは、「音を聞いて意味が浮かぶ」ように音と一緒に覚えることです。

　例えば、左の疑問文にあった documents と fill out ~ は次のように覚えましょう。document は「書類」。複数形なので、-s をつけて documents と言っています。日本語風「ド・キュ・メ・ン・ト」ではなく、「**ダ**・キュ・メント」と3つのリズムで発音します。fill out ~ は「~に記入する」。日本語風「フィ・ル・ア・ウ・ト」ではなく、「フィ・**ラ**ウト」と2つのリズムで発音します。音声に続いて3回リピートしてみましょう。

　リピート練習はカラオケ練習。歌の練習のように、リズム（音の強弱や長さ）とメロディ（音の高低）をまねしましょう。文字で書いてある歌詞を見ているだけでは、新しい歌を歌えるようにはなりません。文字に頼りすぎて、スペルをローマ字のように読んでしまうと、誤った音声が脳にインプットされてしまいます。モノマネするつもりでリピートしてください。

🔊 **01_2**

document　書類　　fill out ~　~に記入する
**ダ**キュメント　　　フィ**ラ**ウト

　耳から入ってくる音と脳内音声のマッチングによって、意味を理解するのがリスニング。脳内の音が日本語風では合致しないので、聞き取れません。発音どおりの音と意味を脳にインプットし、聞き取れる語を増やしましょう。

② 強弱リズム——波のように強弱をつける

　日本語は、基本的にカナ1つずつでリズムを取る言語です。「何の書類を記入すべきですか」は「な・ん・の・しょ・る・い・を・き・にゅ・う・す・べ・き・で・す・か」と16個のリズムになります。機関銃のようなリズムで、カナ1つ分の強さと長さは一定です。この日本語風のリズムから切り替えて、英語では波のような強弱リズムをつけるようにしましょう。同じ疑問文をカナを参考にしながらリピートしてください。太字のところを強く発音し、メリハリをつけるのがコツですよ。

🔊 **01_1**
**Wha**t **do**cuments shoul**d I** fi**ll o**ut?
**ワ**ット　　**ダ**キュメンツ　シュ**ダ**イ　フィ**ラ**ウト

　「見れば単語は分かるのに、音がつながるから聞き取れない」。こんな経験はありませんか。英語リスニングを苦手とする理由の1つが、この音変化です。自分がつなげて発音できれば、つながったままで聞き取れるようになりますよ。

　後ろの単語が「アイウエオ」の母音で始まる場合には、単語間のスペースを取り払って、つなげて発音されます。should Iは「シュッド　アイ」ではなくshouldのdと後ろのIをつなげて「シュダイ」。

　また、語末にあるtやdの音は聞こえないくらいうんと弱いのです。whatは「ワット」ではなく「ワット」、fill outは「フィラウト」ではなく「フィラウト」。アルファベットどおりではなく、耳から入ってくる音を真似するように練習しましょう。色の薄いtは脱落（うんと弱い）、◡（スラー）は連結（つなげる）を示しています。脱落や連結に注意して、先ほどの疑問文をもう一度リピートしてみましょう。

🔊 01_1

**Wha**t **do**cuments shoul**d_I** fil**l_ou**t?
ワット　　ダキュメンツ　　シュダイ　フィラウト

④ イントネーション──上昇調と下降調

　「何の書類を記入すべきですか」。日本語では疑問文の文末を上げ調子で発音しますね。これを上昇調イントネーションと呼びます。一方、whatで始まる英語の疑問文は、文末を下げます（下降調イントネーション）。日本語と同じように、文末を上げてしまう人が多いのです。上昇調と下降調、2つのイントネーションを正しく使い分けましょう。イントネーションに気をつけて、3〜5回リピートしましょう。

🔊 01_1

**Wha**t **do**cuments shoul**d_I** fil**l_ou**t?
ワット　　ダキュメンツ　　シュダイ　フィラウト

## 3. 発音できれば聞き取れる

　最後に、🔊 01_1 をもう一度聞きます。目を閉じて音に集中し、聞こえ方が変わったかどうか確認してみましょう。

🔊 01_1

　最初と比べて、「音声がゆっくり入ってきた」「意味がはっきりつかめる感じがした」のではないでしょうか。

　本書には、音読練習のページがあります。最初のPart 1とPart 2には、音読に慣れていない人も声に出して練習できるようにカタカナを併記しています。日本語風の平板なローマ字読みから一歩進んで、ネイティブの発音に近づくための手がかりとして参考にしてください。Part 3とPart 4では、音を聞いて真似しましょう。

スマホで録音し、自分の発音を再生して確認すると効果的です。お手本に近づくまで繰り返し練習してくださいね。

　英語を聞き取る４つのコツ、①単語、②強弱リズム、③連結と脱落、④イントネーションは、発音しながら身につきます。音読によって「正しい音声つきの脳内英語辞書」がバージョンアップしていくのです。その結果、耳からの音声と脳内知識の一致率が高まり、聞き取れるようになります。日本語に訳さず英語のままで、スーッと理解できる感覚をぜひ皆さんも体験してください。

　音読練習をがんばっている学習者の皆さんは、１カ月くらい続けた後で突然聞こえるようになってきたと言います。リスニング問題が「ゆっくり、はっきりと」聞こえるようになれば、正解が増える、スコアが上がる、勉強が楽しくなってくる、良いことずくめです。①～④のコツを本書の「Words & Phrases」「解こう」「聞こう」「ナビクイズ」「音読」の５ステップで、無理なく確実に学んでいきましょう。

初めまして。解きリスです。
各Unitに登場し、皆さまのリスニング学習をサポートします。
Unitタイトルの横では、さまざまなポーズで学びのポイントを
表現しています。音読のページでは、ガンバリスマークに練
習回数を記録してくださいね。私の横に、皆さんの努カマー
クが増えていくのが楽しみです。さあ、一緒にガンバリス♪

# Part 1 ってどんなパート？

Part 1の写真問題は6問。(A) ~ (D)の4つの文を聞き取って、写真を適切に説明している選択肢を選ぶ問題です。No.1から徐々に難易度が高くなり、No.5 ~ 6は難しめの問題が出題されます。4 ~ 5問の正解で600点を目指しましょう。

| 問題冊子 | 音声 | 解き方 |
|---|---|---|
| 1ページ目<br><br>LISTENING TEST<br><br>**PART 1**<br>指示文と例題<br><br> | ♪<br>Listening Test.<br><br>**Part 1** の解き方と例題が英語で説明される<br><br><br><br><br><br>♪<br>~ Part 1 will begin.<br><br>（ここまで約90秒） | 答えは解答用紙にマークしなさい、など毎回同じ解き方の説明なので、聞かなくても大丈夫。<br><br>指示文が流れる90秒の間にPart 1の6枚の写真をざっと見ておこう。<br><br>（No.1 ~ 6写真の確認ポイント）<br>・人物は何をしているか<br>・何が写っているか<br><br><br>←このセリフが聞こえたら<br>　2ページ目のNo.1に注目。 |
| 2ページ目<br>1.<br> | No.1<br>Look at the picture marked No.1 in your test book.<br>(A) A woman is ~.<br>(B) A woman is ~.<br>(C) A woman is ~.<br>(D) A woman is ~. | 2ページから問題が始まるよ。<br><br><br>（1人の写真の確認ポイント）<br>(A) ~ (D)のそれぞれについて<br>　「~している（進行形）」<br>　「何を」<br>の2点が写真と一致するか |
| 2.<br> | No.2<br>Look at the picture marked No.2 in your test book.<br>(A) He is ~.<br>(B) He is ~.<br>(C) He is ~.<br>(D) He is ~. | (A) ~ (D)の1つ1つに〇・×をつけていく感覚で進めていこう。<br><br>「していない動作」「写っていない物」の選択肢を消していく消去法が役立つよ！（Unit 01参照） |

| 問題冊子 | 音声 | 解き方 |
|---|---|---|
| 3ページ目<br>3.<br> | No.3<br>Look at the picture marked No.3 in your test book.<br>(A) ~.<br>(B) ~.<br>(C) ~.<br>(D) ~. | （2人以上の写真の確認ポイント）<br>(A) ~ (D)のそれぞれについて<br>「誰が」<br>「～している（進行形）」<br>「何を」<br>の3点が写真と一致するか |
| 4.<br> | No.4<br>Look at the picture marked No.4 in your test book.<br>(A) ~.<br>(B) ~.<br>(C) ~.<br>(D) ~. | 3点のうち、1つでも写真と異なっていたら、不正解。消去法が有効だよ。<br>(Unit 02参照) |
| 4ページ目<br>5.<br> | No.5<br>Look at the picture marked No.5 in your test book.<br>(A) ~.<br>(B) ~.<br>(C) ~.<br>(D) ~. | （風景の写真の確認ポイント）<br>(A) ~ (D)のそれぞれについて<br>「何が」<br>「～された／～されているところ」<br>「どこで」<br>の3点が写真と一致するか<br><br>特に動詞表現に気をつけること。<br>動詞の形は<br>is/are -ed<br>has/have been -ed<br>「～された状態」、<br>is/are being -ed「～されているところ」がよく使われるよ。 |
| 6.<br> | No.6<br>Look at the picture marked No.6 in your test book.<br>(A) ~.<br>(B) ~.<br>(C) ~.<br>(D) ~. | 3点のうち、1つでも写真と異なっていたら、不正解。消去法を活用しよう。<br>(Unit 03参照) |

聞こえてくる英語と写真内の物や動作が一致しているかどうか、音だけ（文字なし）で判断する力が問われます。音を聞いて物が頭に浮かぶように、発音しながら音と意味（イメージ・画像）を結びつけましょう。普段から画像や身の回りの景色を見ながら、物や動作を英語で表現する練習も効果的です。

# 01 Part 1 写真問題①
## 1人の写真

### ナビポイント 3ヵ条

➤ 進行形の動詞＋名詞が写真と合っているかどうかを確認しよう。

➤ していない動作は不正解だよ。

➤ 写っていない物は不正解だよ。

Part 1 では、人物や風景の写真問題が6問出題されます。Unit 01 では、1人だけ写っている人物写真問題の解き方を学びましょう。

### 動詞＋名詞が聞きどころ

**進行形を聞き取ろう**

問題の選択肢(A) ~ (D)は全て、写真に写っている男性または女性が主語になっています。主語に続けて、「(写真の中では)ジャケットを着ています」「書類を見ています」のように、現在進行形 (is -ing) で動作が描写されます。写真内❶〜❸の動作は、進行形を使った英文❶〜❸で表せます。

🔊 01_3

|  | 動詞 (〜している) |  | 名詞 (〜を) |
|---|---|---|---|
| ❶ A man is | **holding**<br>持っている | a | **brush.**<br>ブラシ |
| ❷ The man is | **wearing**<br>身につけている |  | **pants.**<br>ズボン |
| ❸ He's (He is) | **cleaning**<br>掃除している | the | **floor.**<br>床 |

└ 聞きどころ！ ┘

同じ写真でも、注目するところによって異なる表現になりますね。問題を解くときに、和訳しようとすると聞き逃しますよ。英語の語順のまま、(A) ~ (D)の動詞と名詞 (目的語) を聞き取って、写真と合っているかどうかを1つずつ確認していきましょう。

## していない動作は不正解

写真内の動作 ❶ ～ ❸ と(A) ～ (D)の英文を見比べて確認しましょう。していない動作は不正解です。

🔊 01_4

(A) A man is sweeping the floor. (男性が床を掃いている) ⟶ 正解 (写真内❸と一致)

(B) A man is putting on long pants. (男性が長ズボンをはこうとしている) ⟶ 不正解

(C) A man is wiping a table. (男性がテーブルを拭いている) ⟶ 不正解

(D) A man is moving a chair. (男性が椅子を動かしている) ⟶ 不正解

すでに着ている場合はwearing、袖を通している途中でこれから着ようとしている場合はputting on ~で表します。

## 写っていない物は不正解

写真内の動作 ❶ ～ ❸ と(A) ～ (D)の英文を見比べて確認しましょう。写っていない物は不正解です。

🔊 01_5

(A) He's wearing long pants. (彼は長ズボンを身につけている) ⟶ 正解 (写真内❷と一致)

(B) He's holding some documents. (彼は書類を持っている) ⟶ 不正解

(C) He's moving a garbage can. (彼はごみ箱を動かしている) ⟶ 不正解

(D) He's cleaning a window. (彼は窓を掃除している) ⟶ 不正解

(B)書類、(C)ごみ箱、(D)窓は写っていないので不正解です。

## 大きく聞こえる聞きどころ・つながる音と弱い音

英語は波のようなリズムで発音されます。一般動詞や名詞は強く、冠詞やbe動詞は弱く発音されます。正解を選ぶためには、強く大きく発音される動詞や名詞に注目します。次の例は、TOEIC頻出表現です。太字を強く、‿(スラー)はつなげてリピートしてみましょう。色の薄いt、k、dはうんと弱い音です。

🔊 01_6

**operating** a **photocopier** (操作している　コピー機を)
アペレイティン　ア　　フォトコピア

**fixing** a **machine** (修理している　機械を)
フィクスイン　ア　マシーンヌ

**leaning** against the **wall** (寄りかかっている　壁に)
リーニン　　アゲンスト　ザ　ウォーゥ

**picking up‿**a **book** (持ち上げている　本を)
ピキン　　アパ　　ブッ

**pointing** at the **whiteboard** (指さしている　ホワイトボードを)
ポインティン　アッザ　　ワイ ボード

**talking** on the **phone** (話している　電話で)
トーキン　　アンザ　フォウンヌ

Let's try

## Words & Phrases

🔊 01_7

例題・問題に出てくる単語・表現をリピートして覚えましょう。

carry 動 〜を運ぶ　　stem 名 茎　　hang 動 〜をつるす　　basket 名 かご　　climb 動 〜に登る
ladder 名 はしご　　roof 名 屋根　　laptop 名 ノートパソコン　　notepad 名 メモ帳

**ナビクイズ例題** 🔊 01_8

【解こう】　正答に○、誤答に×を書こう。

↓　　【聞こう】　（　　）に単語を書き込もう。

☐ (A) A woman is (　　　　　　　)
　　　　a (　　　　　　).

☐ (B) A woman is (　　　　　　　)
　　　　some (　　　　　　).

☐ (C) A woman is (　　　　　　　)
　　　　a (　　　　) (　　　　　　).

☐ (D) A woman is (　　　　　　　)
　　　　a (　　　　　　).

【ナビクイズ】　（　　）内の適切なものに○をつけて解き方を完成させよう。

女性が温室で (hat・plants・flower stem・basket) を (wearing・carrying・cutting・hanging) している様子を表す ((A)・(B)・(C)・(D)) が正解。写真にない (hat・plants) や、していない動作 (carrying・hanging) を含む選択肢は不正解となる。

---

### ナビクイズ例題解答

【解こう】【聞こう】

✕ (A) A woman is ( wearing ) a ( hat ).　×写真にない
　　（女性が帽子をかぶっている）

○ (B) A woman is ( carrying ) some ( plants ).　○写真の動作と一致
　　（女性が植物を運んでいる）

✕ (C) A woman is ( cutting ) a ( flower ) ( stem ).　×切っていない　×写真にない
　　（女性が花の茎を切っている）

✕ (D) A woman is ( hanging ) a ( basket ).　×つるしていない
　　（女性がかごをつるしている）

【ナビクイズ】

女性が温室で (hat・⟨plants⟩・flower stem・basket) を (wearing・⟨carrying⟩・cutting・hanging) している様子を表す ((A)・⟨(B)⟩・(C)・(D)) が正解。写真にない (⟨hat⟩・plants) や、していない動作 (carrying・⟨hanging⟩) を含む選択肢は不正解となる。

16

## ナビクイズ問題 1　🔊 01_9

【解こう】【聞こう】

- [ ] (A) He's (　　　　　　　　)
  a (　　　　　　　　).
- [ ] (B) He's (　　　　　　　　)
  on a (　　　　　　　　).
- [ ] (C) He's (　　　　　　　　)
  a (　　　　　　　　).
- [ ] (D) He's (　　　　　　　　)
  a (　　　　　　　　).

【ナビクイズ】

男性が屋外で (roofに・ladderに・windowを・machineを) (operating・standing・opening・climbing) している様子を表す ((A)・(B)・(C)・(D)) が正解。写真にない (ladder・machine) や、していない動作 (operating・climbing) を含む選択肢は不正解となる。

## ナビクイズ問題 2　🔊 01_10

【解こう】【聞こう】

- [ ] (A) She's (　　　　　　　　)
  a (　　　　　　　　).
- [ ] (B) She's (　　　　　　　　)
  a (　　　　　　　　).
- [ ] (C) She's (　　　　　　　　)
  on the (　　　　　　　　).
- [ ] (D) She's (　　　　　　　　) up
  a (　　　　　　　　).

【ナビクイズ】

女性が (deskを・notepadを・phoneで・laptopを) (talking・moving・picking up・fixing) している様子を表す ((A)・(B)・(C)・(D)) が正解。していない動作 (fixing・talking) を含む選択肢は不正解となる。

>> 解答・解説は122ページ

**Part 1** 写真問題②
# 2人以上の写真

ナビポイント **3カ条**

➤ 最初の主語（**A man/woman**、**One of the men/ women**、**They**、**Some people**など）を聞き取ろう。

➤ 主語の人物を写真内から探して注目。

➤ ターゲット人物の動作と英語の進行形が合っているかどうかを確認しよう。

Unit 02では、2人以上の人物が写っている写真問題の解き方を学びましょう。主語の聞き取りが重要ですよ。

### 主語に注目

複数の人物が写っている写真問題では、選択肢(A)〜(D)の初めに聞こえてくる主語を聞き取りましょう。主語から、注目すべきターゲット人物が分かります。

❶ The man → 男性の動作や状態に注目

❷ The woman → 女性の動作や状態に注目

❸ They（彼ら=写真内の人たち）
　→ 2人の動作や状態に注目

### 動詞＋名詞を確認

**進行形を聞き取ろう**

主語の次は、現在進行形 (is/are -ing) を使って写真の動作が描写されます。 ◀)) 02_1 で写真内❶〜❸の人物描写を確認しましょう。動詞と名詞は大きくはっきりと発音されます。

🔊 02_1

| | 動詞 (〜している) | | 名詞 (〜を) |
|---|---|---|---|
| ❶ The man is<br>男性は | **wearing**<br>着ている | a | **jacket**.<br>ジャケット |
| ❷ The woman is<br>女性は | **wearing**<br>かけている | | **glasses**.<br>眼鏡 |
| ❸ They're (They are)<br>彼らは | **shaking**<br>握手している | | **hands**.<br>手 |
| They're<br>彼らは | **facing**<br>向かい合っている | | **each other**.<br>互いに |

⌐ 聞きどころ！ ⌐

問題を解くときは、(A) 〜 (D)それぞれの主語を聞き取って、写真内のターゲット人物に注目。続く動詞 (-ing) 以降を順に聞き取り、写真と合っているかどうか判断していきます。ひとつずつ○・×をつける感覚です。❸ のように、「握手する」動作は、より抽象的に「あいさつしている」と表すこともあります。

## していない動作・写っていない物は不正解

写真内の動作 ❶ 〜 ❸ と (A) 〜 (D)を比べて確認しましょう。していない動作・写っていない物は不正解です。写っていない腕時計を含む(A)は不正解。(B)外そうとする動作や(C)見て回る動作はしていないので不正解。

🔊 02_2

(A) The man is wearing a watch. (男性は腕時計をしている) ⟶ 不正解

(B) The woman is taking off her glasses. (女性は眼鏡を外そうとしている) ⟶ 不正解

(C) They're browsing in a shop. (彼らは店内を見て回っている) ⟶ 不正解

(D) They're standing across from each other. ⟶ 正解 (写真内❸と一致)
　　(彼らは互いに向かい合って立っている)

## 主語の聞こえ方

主語man/woman/peopleは大きくはっきり発音されます。一方、theyは代名詞なので弱く素早く発音されます。主語を聞き取れるようになるためには、自分で発音して強弱のつけ方を身につけることが効果的です。

🔊 02_3 をリピートしましょう。主語とbe動詞をつなげて、太字を強く発音するとお手本に近づきますよ。

🔊 02_3

The **woman**_is **reaching** for_an_**item**. (女性が　手を伸ばしている　商品に)
ザ　　**ウマニズ**　　**リー**チン　　フォラ**ナ**イテム

One_of the **men** is_**adjusting** a **tool**. (男性の1人が　調整している　道具を)
ワノヴザ**メン**　　イザ**ジャ**スティン　ア　**トゥー**ゥ

Some **people**_are **waiting** in **line**. (何人かの人々が　待っている　並んで)
スム　　**ピー**ポラ　　**ウェ**イティン イン **ライ**ンヌ

They're **loading** some **boxes**. (彼らは　積み込んでいる　箱を)
ゼア　　**ロ**ウディン　スム　　**バ**クスィズ

Let's try

## Words & Phrases 🔊 02_4

例題・問題に出てくる単語・表現をリピートして覚えましょう。

stack 動 ～を積み重ねる　　try on ~　～を試着する　　arrange 動 ～を並べる　　product 名 製品

side by side　並んで　　clean 動 ～を掃除する　　platform 名 プラットフォーム　　board 動 ～に乗り込む

point at ~　～を指す　　in front of ~　～の前に　　projector 名 プロジェクター

---

**ナビクイズ例題** 🔊 02_5

【解こう】　正答に○、誤答に×を書こう。

　　　↓　【聞こう】（　　）に単語を書き込もう。

☐ (A) One of the men is (　　　　　　)

　　　some (　　　　　　).

☐ (B) One of the men is (　　　　　　)

　　　on (　　　　　　).

☐ (C) They're (　　　　　　)

　　　(　　　　　　).

☐ (D) They're (　　　　　　)

　　　(　　　　　) by (　　　　　　).

【ナビクイズ】（　　）内の適切なものに○をつけて解き方を完成させよう。

1人は靴屋の店員、1人は客と推測できる。(1人・2人) が (products・shoes・chairs) を (stacking・trying on・arranging) している様子を表す ((A)・(B)・(C)・(D)) が正解。していない動作 (sitting・stacking) は不正解。写真内のsittingは (1人・2人) の動作。主語が (1人・2人) を指すThey では不正解。

---

### ナビクイズ例題解答

【解こう】【聞こう】

×積み重ねていない

☒ (A) One of the men is ( stacking ) some ( chairs ).

（男性の1人が椅子を積み重ねている）

○男性（左）の動作と一致

☑ (B) One of the men is ( trying ) on ( shoes ).

（男性の1人が靴を試着している）

×並べていない

☒ (C) They're ( arranging ) ( products ).

（彼らは製品を並べている）

×並んで座っていない

☒ (D) They're ( sitting ) ( side ) by ( side ).

（彼らは並んで座っている）

【ナビクイズ】

1人は靴屋の店員、1人は客と推測できる。(⟨1人⟩・2人) が (products・⟨shoes⟩・chairs) を (stacking・⟨trying on⟩・arranging) している様子を表す ((A)・⟨(B)⟩・(C)・(D)) が正解。していない動作 (sitting・⟨stacking⟩) は不正解。写真内のsittingは (⟨1人⟩・2人) の動作。主語が (1人・⟨2人⟩) を指すThey では不正解。

## ナビクイズ問題 1　🔊 02_6

【解こう】【聞こう】

☐ (A) The (　　　　　　) is
　　　(　　　　　　) a (　　　　　　).

☐ (B) The (　　　　　　) is
　　　(　　　　　　) a (　　　　　　).

☐ (C) They're (　　　　　　) a
　　　(　　　　　　).

☐ (D) They're (　　　　　　) at a
　　　(　　　　　　).

【ナビクイズ】

(女性・男性・2人) が (platformを・trainに・mapを・ticketを) (boarding・cleaning・buying・looking at) している様子を表している ((A)・(B)・(C)・(D)) が正解。写っていない物 (ticket・train) や、していない動作 (boarding・looking at) を含む選択肢は不正解。複数人物の写真では、主語と動詞の組み合わせに注意して聞いていこう。

## ナビクイズ問題 2　🔊 02_7

【解こう】【聞こう】

☐ (A) One of the (　　　　) is (　　　　)
　　　for a (　　　　).

☐ (B) One of the (　　　　) is (　　　　)
　　　at a (　　　　　　).

☐ (C) (　　　　) (　　　　) are (　　　)
　　　in front of a (　　　　　　).

☐ (D) (　　　　) (　　　　) are (　　　)
　　　a (　　　　).

【ナビクイズ】

(男性の1人・女性の1人・何人か) が (projectorを・whiteboardの前に・documentを・fileに) (pointing at・reaching for・standing・adjusting) している様子を表している ((A)・(B)・(C)・(D)) が正解。写っていない物 (projector・document) や、していない動作 (reaching for・pointing at) は不正解だ。

▶▶ 解答・解説は123ページ

# Part 1 写真問題③
# 風景の写真

ナビポイント **3カ条**

➤ 聞き取った主語（物）を写真内から探して注目。

➤ 物の状態、周辺にある物、位置関係を確認しよう。

➤ 受動態の動詞＋場所の前置詞が写真と合っているか
どうかを確認しよう。

Unit 03では、風景が写っている写真問題の解き方を学びましょう。
写真の中にある物と英語表現が結びつけば、スコアアップを狙えま
すよ。

### 主語に注目

風景写真では、写っている物の英単語を知っているほど正解が増えます。写真の❶～❺を表す英単語を四角か
ら選んで書いてみましょう。

> bench  lamppost  planter  railing  sidewalk

■))) 03_1

❶ _____

❷ _____

❸ _____

❹ _____

❺ _____

正解は次のとおりです。
❶railing　手すり　❷lamppost　街灯　❸sidewalk　歩道　❹bench　ベンチ　❺planter　プランター
冒頭の主語を聞き取って、写真内の注目する物に照準を定めます。そのためには、身の周りの物を英語で表現す
る練習が効果的。音を聞いて物が頭に浮かぶように、発音しながら音と意味（イメージ）を結びつけましょう。

## 物＋状態＋場所を確認

受動態is/are -ed、have/has been -ed「〜されている」の表現を用いて、物（主語）の状態や位置関係が描写されます。音声を聞きながら、写真を確認しましょう。物、状態、場所の名詞の3カ所が強く発音されます。

🔊 03_2

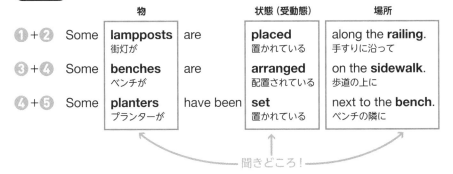

| | | 物 | | 状態（受動態） | 場所 |
|---|---|---|---|---|---|
| ❶+❷ | Some | **lampposts**<br>街灯が | are | **placed**<br>置かれている | along the **railing**.<br>手すりに沿って |
| ❸+❹ | Some | **benches**<br>ベンチが | are | **arranged**<br>配置されている | on the **sidewalk**.<br>歩道の上に |
| ❹+❺ | Some | **planters**<br>プランターが | have been | **set**<br>置かれている | next to the **bench**.<br>ベンチの隣に |

—— 聞きどころ！ ——

問題を解くときは、(A) ~ (D)の「何が」「どんな状態」「どこ」を順に聞き取って、写真と一致するかどうかを確認します。写っていない物、写真と一致しない状態や場所は不正解です。

## 発音の注意点

### つながる音

場所を表す前置詞の多く（at、in、onなど）はアイウエオ（母音）で始まります。そのために、直前の単語とつながって聞こえます。Part 1は文字なしで音を頼りに解く問題。単語をつなげて音読することで、つながったままの自然な英語を聞き取る力が伸びます。スラー ⌣ でつながるところに注意しましょう。

### 状態vs作業中の聞き分け

have/has been -edは静止状態を表すのに対し、進行形を含むis/are being -edは進行中の動作を表します。意味、beenとbeingの音に注意しながら、🔊 03_3 をリピートしてみましょう。

🔊 03_3

| 意味 | 英文 | 写真には |
|---|---|---|
| 物の静止状態<br>（商品が棚の上に陳列されている） | Some_**items**_are **arranged**_on_a **shelf**.<br>　スマイテムザ　　　アレインジダナ　シェルフ<br>Some_**items** have been **arranged**_on_a **shelf**.<br>　スマイテムズ　ハビン　　アレインジダナ　シェルフ | 作業中の人がいない |
| 作業が進行中<br>（人によって商品が棚の上に陳列されているところ） | Some_**items**_are being **arranged**_on_a **shelf**.<br>　スマイテムザ　ビ　　アレインジダナ　シェルフ<br>　　　　　　　　　イン（音程が下がる） | 作業中の人がいる |

Let's try

## Words & Phrases 🔊 03_4

例題・問題に出てくる単語・表現をリピートして覚えましょう。

vehicle 名 乗り物　　park 動 〜を駐車する　　along 前 〜に沿って　　curb 名 縁石　　sign 名 看板

attach 動 〜を取りつける　　occupy 動 〜を占める　　pillow 名 枕、クッション　　piled up 積み重ねられている

fan 名 扇風機　　install 動 〜を設置する　　ceiling 名 天井　　surround 動 〜を囲む　　reflect 動 〜を映す

---

### ナビクイズ例題 🔊 03_5

【解こう】　正答に〇、誤答に×を書こう。

↓　　【聞こう】（　　）に単語を書き込もう。

☐ (A) Some (　　　　　) are (　　　　　)
　　　along the (　　　　　).

☐ (B) A (　　　　　) is (　　　　　) to a
　　　(　　　　　).

☐ (C) Some (　　　　　) have been
　　　(　　　　　) on the (　　　　　).

☐ (D) Some trees (　　　　　)
　　　(　　　　　) (　　　　　) down.

【ナビクイズ】（　　）内の適切なものに〇をつけて解き方を完成させよう。

写真には通りの風景が写っている。(trees・vehicles・sign・bikes) が (attached・cut down・left・parked) されている状態を表している ((A)・(B)・(C)・(D)) が正解。写真に写っていない (street・sign) や (bikes・lamppost) を含む選択肢は不正解。作業中の人は写っていないので、(受動態・受動態の進行形) は不正解となる。

---

### ナビクイズ例題解答

【解こう】【聞こう】

〇 (A) Some ( vehicles ) are ( parked ) along the ( curb ).　　〇車の状態と一致
　　（何台かの車両が縁石に沿って駐車されている）

☒ (B) A ( sign ) is ( attached ) to a ( lamppost ).　　×写真にない
　　（看板が街灯に取りつけられている）

☒ (C) Some ( bikes ) have been ( left ) on the ( street ).　　×写真にない
　　（何台かの自転車が路上に置かれたままである）

☒ (D) Some trees ( are ) ( being ) ( cut ) down.　　×切る作業中の人はいない
　　（何本かの木が切り倒されているところだ）

【ナビクイズ】

写真には通りの風景が写っている。(trees・⦿vehicles・sign・bikes) が (attached・cut down・left・⦿parked) されている状態を表している (⦿(A)・(B)・(C)・(D)) が正解。写真に写っていない (street・⦿sign) や (⦿bikes・lamppost) を含む選択肢は不正解。作業中の人は写っていないので、(受動態・⦿受動態の進行形) は不正解となる。

**STEP UP** car, truck, van ➡ vehicle (乗り物) や、chair, sofa, table ➡ furniture (家具) のように、より一般的な単語への言い換えは頻出。

## ナビクイズ問題 1　🔊 03_6

【解こう】【聞こう】
☐ (A) A ( 　　　 ) is ( 　　　　　 ).
☐ (B) Some ( 　　　 ) are ( 　　 ) up
　　 on the ( 　　 ).
☐ (C) A ( 　　 ) ( 　　　 ) ( 　　 )
　　 ( 　　 ) between the ( 　　 ).
☐ (D) A ( 　　 ) ( 　　　 ) ( 　　 )
　　 ( 　　　　 ) on the ( 　　 ).

【ナビクイズ】

人のいない部屋の写真。(fan・pillows・desk・sofa) が (placed・installed・unoccupied・piled up) されている状態を表す ((A)・(B)・(C)・(D)) が正解。写真に写っていない (desk・fan) を含む選択肢は不正解。作業中の人は写っていないので、作業中の動作を表す (has been -ed・is being -ed) は不正解。unoccupied のように語頭に un- が付くと逆の意味になる。

## ナビクイズ問題 2　🔊 03_7

【解こう】【聞こう】
☐ (A) A ( 　　 ) is ( 　　　　 ) by a
　　 ( 　　 ).
☐ (B) Some ( 　　　 ) have been
　　 ( 　　　 ).
☐ (C) Some beach ( 　　 ) ( 　　 )
　　 ( 　　 ) ( 　　 ) to the
　　 ( 　　　　 ).
☐ (D) Some ( 　　 ) are
　　 ( 　　　　　 ) in the ( 　　 ).

【ナビクイズ】

人のいないプールサイドの写真。(parasols・trees・pool・beach chairs) が (reflected・carried・surrounded・closed) されている状態を表す ((A)・(B)・(C)・(D)) が正解。写真にない (parasols・fence) を含む選択肢は不正解。人は写っていないので、作業中の動作を表す (have been -ed・are being -ed) は不正解。

▶▶ 解答・解説は124ページ

# Part 2 ってどんなパート？

Part 2の応答問題は25問。設問に続けて (A) ~ (C) を聞き、設問に適切に応答している選択肢を選んで解答用紙にマークします。問題冊子には "Mark your answer on your answer sheet." とだけ印刷されており、見る必要はありません。Part 2はあなたの耳だけを頼りに解くパートです。聞こえてくる英語に集中して取り組みましょう。問題番号はNo.7 ~ 31です。No.7から徐々に難易度が高くなり、No.25あたりから難しめの問題が出題されます。15問 (6割) 以上の正解で600点を目指しましょう。

| 問題冊子 | 音声 | 解き方 |
|---|---|---|
| 5ページ目<br><br>**PART 2**<br>指示文 | ♪<br>Directions<br><br>**Part 2の解き方**<br>例題が英語で説明される | 毎回同じ解き方の説明なので、聞かなくても大丈夫。 |
| | ♪<br>~ begin with Question No.7.<br><br>（ここまで約25秒） | ←このセリフが聞こえたら始まるよ。 |
| 7. Mark your answer on your answer sheet.<br>8. Mark your answer on your answer sheet.<br>9. Mark your answer on your answer sheet.<br>10. Mark your answer on your answer sheet.<br>・<br>・<br>・<br>・<br>・<br>・<br>・ | No.7<br>Who left this message on my desk?<br><br>(A) It's on the left.<br>(B) Mr. Croft did.<br>(C) Yes, it was on the Internet. | 設問がはっきり理解できればできるほど、答えを選びやすくなるよ。<br><br>(A)の選択肢が聞こえるまでの間に、設問を脳内リピートするのが効果的。<br>→(A)は○？　×？<br>→(B)は○？　×？<br>→(C)は○？　×？<br><br>(A) ~ (C)の1つ1つに○・×をつけていく感覚で進めていこう。<br><br>分からなくても、どれかにマークして次に備えよう。悩んでいると、次の設問で大事な冒頭を聞き逃すかも。気持ちを切り替えながら進もう。 |
| 30. Mark your answer on your answer sheet.<br>31. Mark your answer on your answer sheet. | | No.25あたりから難易度が上がる。「違う」と感じた答えは消して、残った選択肢をマークする消去法を活用しよう。 |

## 問題タイプと解答力を上げるコツ

Part 2では、尋ねられたことや述べられたことに対して適切な応答ができるかどうかが試されます。問題は次々と読み上げられます。和訳をして意味を理解しようとすると、英語のスピードについていけなくなってしまいます。設問を聞き逃せば、答えを選びようがありません。まずは設問の聞き取りが肝心です。

その上で問題タイプ別に次のコツを活用し、正答を選ぶための解答力を上げましょう。

**Part 2 全般** ── 設問とよく似た単語は選ばない（音ヒッカケ）。
脈絡のない代名詞は選ばない。
消去法を活用しよう。

**Unit 04 WH疑問文**
**（直球）** ── 冒頭の疑問詞（Who、What、Where、When、Why、How）を聞き逃さない。Yes/No で答える選択肢は誤答だよ。

**Unit 05 WH疑問文**
**（変化球）** ── 「分かりません」「確認します」は正解になりえるよ。

**Unit 06 Yes/No疑問文** ── やりとりの矛盾を見抜いて消去しよう。

**Unit 07 依頼・提案** ── 依頼や提案には「喜んで」「ごめんね」
「確認します」を選ぼう。

**Unit 08 選択疑問文（X or Y?）** ── X or Y? への応答はX案、Y案、（XでもYでもない）Z案の3とおり。Yes/No で答える選択肢は選ばない。

**Unit 09 否定疑問文・付加疑問文** ── Don't you ~? Isn't it ~? などは not を取って考えよう。

**Unit 10 平叙文（普通の文）** ── 設問の状況をつかもう。トラブル？ 報告？

これらを活用すれば、「WH疑問文だ！ Yesは答えにならないぞ」「(A)は設問と同じ単語だから、ヒッカケかも」というように選択肢を絞り込んで選びやすくなります。さあ、Unit 04 ~ 10で英語力と解答力の両方を伸ばしましょう。

# Part 2 応答問題①
# WH疑問文への応答　直球編

> 冒頭の疑問詞What「何」、Who「誰」、Where「どこ」、When「いつ」、Why「なぜ」、How「どうやって」5W1Hを聞き取ろう。

> 正解は、Whoなら人、Whereなら場所のように、疑問詞に対応する選択肢だよ。

> 疑問詞に合わない選択肢や、疑問詞で始まる質問なのにYes/Noで答える選択肢は不正解。消去法を活用しよう。

Part 2では5W1Hで始まる単語で尋ねるWH疑問文が出題されます。Unit 04ではWH疑問文に素直に直球で答えるパターンを学びます。

### 疑問詞を聞き取ろう

音声を聞いてから次の2つの例を比べてみましょう。

🔊 04_1

冒頭の疑問詞が聞けなかったら

1. ------- will you meet the client?
(A) On Wednesdays.
(B) In my office.
(C) Mr. Takahashi did.

> え!?　あっという間に質問が終わっちゃった。
> 顧客が何とかって…
> (A) ～ (C)は聞こえたのに選べないよう。

冒頭が聞けたら

1. Where ------- ?
(A) On Wednesdays.
(B) In my office.
(C) Mr. Takahashi did.

> Whereだ！
> 場所を尋ねているから答えは(B)。
> 分かったゾウ♪

WH疑問文はPart 2の25問中、10問前後出題されます。スコアアップを目指すには疑問詞の聞き取りが大切です。

問題番号の読み上げ"No.～."が終わったら、疑問詞に備えて集中します。Where「どこ」とWhen「いつ」の聞き分けは間違いやすいので気をつけましょう。 04_2 を聞いて、冒頭の疑問詞を（　　）内に書き入れましょう。

🔊 **04_2**

1. (　　　　　) left this message on my desk? (このメッセージを机に置いたのは〜？)

2. (　　　　　) is the promotional code to get a discount? (値引きのための販売促進コードは〜？)

3. (　　　　　) should I order ink cartridges? (インクカートリッジを注文すべきなのは〜？)

4. (　　　　　) will you take your next vacation? (次の休暇を取るのは〜？)

5. (　　　　　) was the meeting canceled? (ミーティングがキャンセルされたのは〜？)

6. (　　　　　) would you like to pay? (支払いは〜？)

7. (　　　) (　　　　　) will it take to fix the network? (ネットワークを修理するのにかかるのは〜？)

答えは次のとおりです。

1. Who、2. What、3. Where、4. When、5. Why、6. How、7. How long

疑問詞に注意しながら、🔊 **04_2** をリピートしておきましょう。「何」を尋ねるwhatは、さらに1語加えて what time「何時」、what document「何の書類」のように、組み合わせて使うことがあります。また、「どうやって」「どんな状態で」を尋ねるhowは、さらに1語追加してさまざまな程度を尋ねる表現になります (how long 「どのくらいの長さ」、how many「どのくらいの数」、how far「どのくらいの距離」、how often「どのくらいの頻度」)。冒頭2語まで聞き取って、答え選びに備えましょう。

### 答えの選び方

左の疑問文と対応する右の答えを線で結んでみましょう。1つ余る答えがありますよ。

a. Who will approve the budget?　・

b. What time do you start check-in?　・

c. Why are you leaving early today?　・

d. Where have you met the president?　・

e. When was the sales meeting held?　・

f. How many clients are coming to the next luncheon?　・

・ア．At 3:00 P.M. (午後3時に)

・イ．Only three. (たった3人です)

・ウ．I have a dental appointment. (歯医者の予約があります)

・エ．Mr. Lee will. (Leeさんです)

・オ．Yes, we do. (はい、そうです)

・カ．Last Monday. (この前の月曜日に)

・キ．In the headquarters. (本社で)

🔊 **04_3**

音声を聞いて答えを確認してみましょう。冒頭の疑問詞に対応する答えを選べましたか。正解は、(a-エ) (b-ア) (c-ウ) (d-キ) (e-カ) (f-イ)。1つ余る答えは、オ．Yes, we do. でした。WH疑問文にYes/Noで答えることはできません。日本語でも、「誰が予算を承認しますか」「はい」、「いつ営業会議が開かれましたか」「いいえ」というやり取りはおかしいですね。(A) 〜 (C)の三択からYes/Noの答えを消去して絞り込めば、正解を選びやすくなります。ぜひ消去法を活用しましょう。

Let's try

## Words & Phrases

例題・問題に出てくる単語・表現をリピートして覚えましょう。

in charge of ~ ～の責任者で　　arrangement 名 準備、手配　　charge 動 ～を請求する
equipment 名 装置　　approve 動 ～を承認する　　plumber 名 配管工　　advertise 動 ～を宣伝する
advertisement 名 宣伝、広告　　always 副 いつも　　branch 名 支社　　traffic 名 交通 (量)　　client 名 顧客
be sure to ~ 必ず～する

### ナビクイズ例題　◀)) 04_5

【解こう】 正答に○、誤答に×を書こう。

【聞こう】 (　　) に単語を書き込もう。

↓　(　　　　　　) in (　　　　　　) of the (　　　　　　　　　　　) for the party?

☐ (A) That'd be (　　　　　　).

☐ (B) They (　　　　　　) about (　　　　　) (　　　　　).

☐ (C) (　　　　　　) is (　　　　　)?

【ナビクイズ】 (　　) 内の適切なものに○をつけて解き方を完成させよう。

パーティーの (準備責任者は誰か・準備費用は誰に請求するか) と尋ねている。(A)は (私だ・私の物だ) と伝えている。(B)は (責任者の名前・請求額) を伝えている。(C)は (場所・時間) を問い返している。疑問詞に対する情報がある ((A)・(B)・(C)) が正解。問いかけと同じ発音の単語に引っかからないように注意しよう。

### ナビクイズ例題解答

【解こう】【聞こう】

冒頭をキャッチ！　in charge of ~「～の責任者で」は頻出

( Who's ) in ( charge ) of the ( arrangements ) for the party? (誰がパーティーの準備の責任者ですか)

○ who に対する情報があるので正答

☑ (A) That'd be ( me ). (私です)

× charge の音ヒッカケ

☒ (B) They ( charge ) about ( five ) ( dollars ). (彼らは約5ドル請求します)

× who に対する情報ナシ

☒ (C) ( When ) is ( it )? (いつですか)

【ナビクイズ】

パーティーの (準備責任者は誰か・準備費用は誰に請求するか) と尋ねている。(A)は (私だ・私の物だ) と伝えている。(B)は (責任者の名前・請求額) を伝えている。(C)は (場所・時間) を問い返している。疑問詞に対する情報がある ((A)・(B)・(C)) が正解。問いかけと同じ発音の単語に引っかからないように注意しよう。

**STEP UP** who's (who is) と whose、どっち？　同じ音でも、直後に注目すれば区別できる。

例：Whose **jacket** is this? (これは誰のジャケットですか)

例：Who's **responsible** for the campaign? (キャンペーンの責任者は誰ですか)

物 (名詞) が続けば whose、それ以外は who's だ。

### ナビクイズ問題 1　◀)) 04_6

【解こう】【聞こう】

↓　(　　　　　　)'s all the (　　　　　　　　) in the lobby for?

☐ (A) I (　　　　　　) it.

☐ (B) Some (　　　　　　) are checking the (　　　　　　).

☐ (C) I think they're in the (　　　　　　).

【ナビクイズ】

ロビーの (スタッフは誰・装置は何のため) かを尋ねている。(A)は「私が (承認した・証明した)」と伝えている。(B)は (プランナー・配管工) が (パイプ・予定) を確認していると伝えている。(C)は疑問詞の情報に対応して (いる・いない)。(集合時間・装置の目的) に関する情報を含む ((A)・(B)・(C)) が正解。

**ナビクイズ問題 2** 🔊 04_7

【解こう】【聞こう】
↓ (　　　　　) do you think we (　　　　　) (　　　　　) the summer (　　　　)?
☐ (A) I (　　　　) (　　　　) the (　　　　　).
☐ (B) The newspaper (　　　　) (　　　) good.
☐ (C) (　　　　) (　　　　) (　　　　).

【ナビクイズ】

セールの (広告手段・宣伝時期) を尋ねている。(A)は問いの (what・how) に対応する情報を含んで (いる・いない)。(B) 「新聞は (いつも・やや) うまくいく」は問いに対応して (いる・いない)。(C) 「(夏まで・TV) はない」は (広告手段・宣伝時期) を伝えている。問いに関係ない選択肢を消去すると正解は ((A)・(B)・(C))。

**ナビクイズ問題 3** 🔊 04_8

【解こう】【聞こう】
↓ (　　　　) are we going to (　　　　) (　　　　) next (　　　　)?
☐ (A) In East (　　　　　).
☐ (B) There's a lot of (　　　　).
☐ (C) (　　　　), they're (　　　　) (　　　　).

【ナビクイズ】

次の (支社・計画) を (開く・発表する) (場所・時期) を尋ねている。(A)は問いの (when・where) に対応して (いる・いない)。(B) 「(トレーニング・交通量) が多い」は疑問詞に対応して (いる・いない)。疑問詞で始まる質問に (Yes・No) で答える(C)は (適切・不適切)。消去法で選べば ((A)・(B)・(C)) が正解。

**ナビクイズ問題 4** 🔊 04_9

【解こう】【聞こう】
↓ (　　　　) will Ms. Harper be (　　　　) from her meeting with the (　　　　)?
☐ (A) At the (　　　　) (　　　　) the room.
☐ (B) She's (　　　　) to.
☐ (C) In (　　　　) (　　　　) (　　　　).

【ナビクイズ】

Harperさんが (顧客・彼女) との会議から戻る (時・場所・理由) を尋ねている。(A)は (時・場所・理由) の情報だ。(B)は、彼女は (必ず戻る・すぐに戻る) と伝えている。(C)は (時・場所・理由) の情報だ。問いの (when・how・where) に答えている ((A)・(B)・(C)) が正解。音ヒッカケに注意して消去法で選ぼう。

❯❯ 解答・解説は125～126ページ

# 05 WH疑問文への応答　変化球編

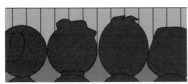

> ナビポイント 3カ条
>
> ➤ ボケ型「分かりません」「〜に聞いて」は正解になることが多いよ。
>
> ➤ ツッコミ型の質問返しや前提くつがえしも正解になるよ。
>
> ➤ 冒頭と異なる疑問詞への答えや、いきなり出てくる代名詞は不正解。消去法を活用しよう。

Unit 05では、WH疑問文に間接的な答え（変化球）で応答するパターンを学びましょう。直球よりも少し難易度がアップしますので、消去法で選ぶコツを身につけましょう。

## ボケとツッコミ、2つのパターン

「次のTOEICテストはいつですか」と聞かれたら？　日程を覚えていれば、「11月28日です」と答えられますね。これはUnit 04で学んだ直球タイプの返答です。しかし、直球ではない変化球タイプも日常会話にはたくさんあります。例えば、先の質問に「分かりません」「〜さんに聞いてみて」「ホームページを見てください」と答えることもできます。さらりとかわしたり、ヒントのみを与えたりするこのパターンを「ボケ型」と呼びます。一方「Listening and Readingですか、それともSpeaking and Writingですか」「受験地はどこですか」などと、問いにさらに突っ込んでいく応答の「ツッコミ型」もありえます。

## ボケ型の応答例

問いかけに対する適切な応答ならOKに、誤った応答ならNGに○をつけましょう。

Who will conduct the seminar next week? (次週のセミナーを実施するのは誰ですか)

(A) Let me check.　　　　　　　　　OK・NG　　（確認させてください）

(B) Her schedule was flexible.　　　OK・NG　　（彼女の予定は融通が利きました）

(C) Please ask Paul.　　　　　　　　OK・NG　　（Paulに聞いてください）

(D) I'm not sure about that.　　　　OK・NG　　（それについてはよく分かりません）

(E) At Meeting Room A.　　　　　　OK・NG　　（会議室Aです）

🔊 05_1

問いかけに続けて、正答のみが聞こえてきます。音声で答えを確認しながらリピートしましょう。問いの疑問詞whoではなくwhereに対応する(E)は誤答です。問いに無関係な代名詞herがあるので(B)も誤答です。疑問詞に合わない応答や、問いに対応しない代名詞を含む応答は消去していきましょう。

## ツッコミ型の応答例

問いかけに対する適切な応答ならOKに、誤った応答ならNGに○をつけましょう。

Where are we going to have a meeting? (どこで会議をしますか)

| | | |
|---|---|---|
| (A) It will be canceled. | OK・NG | (中止されるでしょう) |
| (B) How many people are coming? | OK・NG | (何人来ますか) |
| (C) Please make ten copies. | OK・NG | (10部コピーしてください) |
| (D) Which meeting are you talking about? | OK・NG | (どの会議について話していますか) |
| (E) It will start at 10 A.M. | OK・NG | (午前10時に始まるでしょう) |
| (F) Is Meeting Room B available? | OK・NG | (会議室Bは利用できますか) |

🔊 05_2

問いかけに続けて、正答のみが聞こえてきます。答えを確認しながらリピートしてみましょう。ツッコミ型によくある前提くつがえし「中止されるでしょう」や質問返し「どの会議について話していますか」は、やりとりによって会話が進むので正解になります。場所ではなく時間を答える(E)は誤答です。場所を特定するために人数を確認する(B)は正解になりえます。(C)「10部コピーしてください」は誤答ですが、直前の(B)が数を尋ねているので、その流れでつい選んでしまうかも。あくまでも設問に対応するかどうかを基準に選びましょう。

## 答えの選び方

変化球の応答は直球よりも判断がつきにくく、難易度が上がります。WH疑問文に対応する正答を選ぶには消去法が効果的です。

1. When will be the next TOEIC test?
(A) They had an examination.
(B) No, Alan will be the next speaker.
(C) I don't know.

when！ 時を尋ねているな。whenにNoの答えはおかしいから(B)は×。testはexaminationって言い方もあるから(A)かな？ ボケ型の(C)？ 迷う〜

未来のことを尋ねているのに過去形で答える(A)や、WH疑問文にNoで答える(B)は誤りで、正解は(C)。このように「おかしい」「ズレている」点を見抜くために、次のチェックポイントを活用してくださいね。

① WH疑問文にYes/NoはNG

② 問いと無関係な代名詞はNG

③ 問いとズレた時制の答えはNG

④ 問いと似た音の単語や連想させる単語はヒッカケの可能性が高い

Let's try

## Words & Phrases  🔊 05_3

例題・問題に出てくる単語・表現をリピートして覚えましょう。

visitor 名 訪問客　　quite 副 かなり　　by 前 〜のそばに　　sink 名 (台所の) シンク
How did ~ go?　〜はどうでしたか　　presentation 名 プレゼンテーション、発表　　wait and see　様子を見る
usually 副 ふだんは　　lock 動 〜に鍵をかける　　take a look at ~　〜を見る　　deadline 名 締め切り
monthly 形 毎月の　　sales report　営業報告書　　had better ~　〜した方がよい　　such 形 そのような
line 名 行列　　depart 動 出発する　　bank 名 岸

### ナビクイズ例題　🔊 05_4

【解こう】　正答に○、誤答に×を書こう。

【聞こう】（　　）に単語を書き込もう。

↓　(　　　　　) do you (　　　　　) the (　　　　　) will want to (　　　　) (　　　　)?

☐ (A) (　　　　　), it's (　　　　　) (　　　　　).

☐ (B) It's by the (　　　　　).

☐ (C) I (　　　　　) no (　　　　　).

【ナビクイズ】（　　）内の適切なものに○をつけて解き方を完成させよう。

(訪問客・社員) が (最初に・素早く) (済ませたい・見たい) のは (何か・なぜか) と尋ねている。(A)の (Yes・No) はWH疑問文の答えに (なる・ならない)。(B)は設問と (関係ある・無関係の) 代名詞Itが (適切・誤り)。(C)は (ボケ・ツッコミ) で応じる (適切・不適切) な答え。消去法で選べば正解は ((A)・(B)・(C))。

### ナビクイズ例題解答

【解こう】【聞こう】

意見を求める鉄板フレーズ　what do you think ~?

( What ) do you ( think ) the ( visitors ) will want to ( see ) ( first )?（訪問客が最初に見たいのは何だと思いますか）

×WH疑問文にYes/NoはNG　　　×firstの似た音ヒッカケ
☒ (A) ( Yes ), it's ( quite ) ( fast ). (はい、それはかなり速いです)

×無関係の代名詞　　　×thinkと似た音のヒッカケ
☒ (B) It's by the ( sink ). (それはシンクのそばにあります)

○ボケ型「分かりません」は正解になるよ
☑ (C) I ( have ) no ( idea ). (分かりません)

【ナビクイズ】

(訪問客)・社員) が (最初に・素早く) (済ませたい・見たい) のは (何か・なぜか) と尋ねている。(A)の (Yes・No) はWH疑問文の答えに (なる・ならない)。(B)は設問と (関係ある・無関係の) 代名詞Itが (適切・誤り)。(C)は (ボケ・ツッコミ) で応じる (適切・不適切) な答え。消去法で選べば正解は ((A)・(B)・(C))。

### ナビクイズ問題 1　🔊 05_5

【解こう】【聞こう】

↓　(　　　　　) did the sales (　　　　　) (　　　　　)?

☐ (A) We have to (　　　　) (　　　　) (　　　　).

☐ (B) It was a (　　　　) (　　　　).

☐ (C) (　　　　) (　　　　) (　　　　).

【ナビクイズ】

(発表・プレゼント) はどうだったかと尋ねている。(A)の (様子を見なくてはなりません・分かりません) は応答として成立 (する・しない)。(B)は設問と似た (音・意味) のヒッカケ。(C)「(ここに来て・はいどうぞ)」は (発表・プレゼント) のやりとりで使う表現。消去法で選べば正解は ((A)・(B)・(C))。

**ナビクイズ問題 2** 🔊 05_6

【解こう】【聞こう】

↓ (　　　　　) usually (　　　　　) the office in the evenings?

☐ (A) In the (　　　　　), too.

☐ (B) The (　　　　) (　　　　　) nice in the garden.

☐ (C) Please (　　　　) (　　　　) (　　　　　) at the (　　　　).

【ナビクイズ】

オフィス (を見ている・に鍵をかける) のは (誰か・なぜか) と尋ねている。(A)は問いの (who・why) に対する情報が含まれ (る・ない) ので (適切・不適切)。(B)は設問と似た (音・意味) のヒッカケ。(C)「予定表を (見て・取って)」はヒントを (与える・与えない) 応答だ。消去法により正解は ((A)・(B)・(C))。

**ナビクイズ問題 3** 🔊 05_7

【解こう】【聞こう】

↓ (　　　　)'s the (　　　　) for the (　　　　) sales (　　　　)?

☐ (A) I (　　　　) (　　　　) on the (　　　　).

☐ (B) You'd (　　　　) (　　　　) Ms. Dolby.

☐ (C) (　　　　)'s a great (　　　　).

【ナビクイズ】

(報告書・宿題) の (提出・締め切り) は (どこ・いつ) かと尋ねている。(場所・時間) を伝える(A)は (適切・不適切)。(B)「Dolbyさんに (提出する・聞く) べき」は (ボケ型・ツッコミ型) で、ヒントに (なる・ならない) 応答だ。(C)の主語は設問と関係 (ある・ない) 代名詞なので (適切・不適切)。消去法により正解は ((A)・(B)・(C))。

**ナビクイズ問題 4** 🔊 05_8

【解こう】【聞こう】

↓ (　　　　) is (　　　　) such a (　　　　) (　　　　) of people in (　　　　) of the (　　　　) store?

☐ (A) We'll (　　　　) at 9:30.

☐ (B) (　　　　) (　　　　) are (　　　　)?

☐ (C) (　　　　) the (　　　　) (　　　　).

【ナビクイズ】

(劇場・デパート) の (長い行列・ロングラン) は (いつからか・なぜか) を尋ねている。(A)は設問と似た単語の (音・連想) ヒッカケ。(B)は (ボケ型・ツッコミ型) の応答。(人数・日数) を尋ねる質問は (自然・不自然) な応答だ。(C)は問いかけの疑問肢に対応 (する・しない)。消去法で選べば正解は ((A)・(B)・(C))。

≫ 解答・解説は127〜128ページ

# 06 Part 2 応答問題③
## Yes/No 疑問文

ナビポイント 3カ条

> be動詞や助動詞で始まる Yes/No 疑問文は、主語から順に内容を聞き取ろう。

> Yes/No の後ろに矛盾があれば誤答だよ。

> おかしな答えを消していく消去法で正答率アップ！

Unit 06 は、Are you ~? Did you ~? のような Yes/No 疑問文です。答えに Yes/No がある場合とない場合に分けて、答えのパターンを学びましょう。

## Yes/No 疑問文

Yes/No 疑問文は、is や are などの be 動詞、あるいは do、have、will などの助動詞から始まります。次に、主語＋形容詞（名詞）または主語＋動詞（＋目的語）が続きます。最後は上昇イントネーションで発音されます。正答を選ぶためには、大きくはっきり発音される聞きどころ（主語、動詞、目的語）に注目して、問いかけを理解すること。聞きどころのリズムに慣れるために、強弱をつけながらリピートしましょう。

🔊 06_1

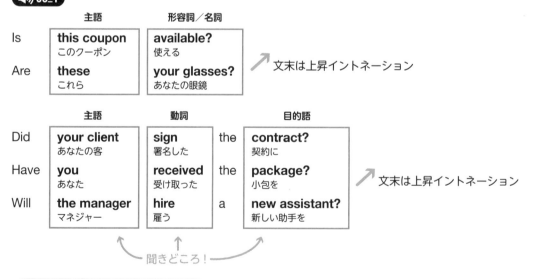

|  | 主語 | 形容詞／名詞 | |
|---|---|---|---|
| Is | this coupon このクーポン | available? 使える | |
| Are | these これら | your glasses? あなたの眼鏡 | ↗ 文末は上昇イントネーション |

|  | 主語 | 動詞 |  | 目的語 | |
|---|---|---|---|---|---|
| Did | your client あなたの客 | sign 署名した | the | contract? 契約に | |
| Have | you あなた | received 受け取った | the | package? 小包を | ↗ 文末は上昇イントネーション |
| Will | the manager マネジャー | hire 雇う | a | new assistant? 新しい助手を | |

聞きどころ！

## Yes/No 疑問文への答え方

Yes/No 疑問文への答え方には2つのパターンがあります。

## Yes/No を使う答え

Yes, I do./No, he doesn't. のような基本形だけでなく、Yes/No に補足情報を追加する場合もあります。リズムに気をつけながら応答をリピートしましょう。

🔊 06_2

**Did you attend the sales workshop?**
(あなたは営業研修会に参加しましたか)

**Yes**, I did./**No**, I didn't. (はい、しました／いいえ、しませんでした)
**Yes**, it was **boring**. (はい、退屈でした)
**No**, I was **busy yesterday**. (いいえ、昨日は忙しかったのです)

## Yes/No を使わない答え

Yes/No の答えをすっ飛ばして、一歩先を伝える答え方です。

🔊 06_3

**Did you attend the sales workshop?**
(あなたは営業研修会に参加しましたか)

It was **very useful**. (はい) → (それはとても有益でした)
Shall I **share** the **materials**? (はい) → (資料をシェアしましょうか)
It's **tomorrow**. (いいえ) → (それは明日です)

---

### 答えの選び方

#### Yes/No を使う答え

Yes/No の後ろが問いかけと矛盾するもの、問いかけと無関係なものが誤答です。ちぐはぐな応答を消していく消去法を使いましょう。問いかけと同じ単語や似た発音の単語を含む選択肢はヒッカケの可能性もあります。音声をリピートしながら、正答と誤答の違いを確認しましょう。

🔊 06_4

**Are you in charge of the project?** (あなたはプロジェクトの責任者ですか)

(A) Yes, he did. (はい、彼でした) ⟶ 不正解 (Yes＝自分が責任者。なのに彼だったと答えるのは矛盾×)

(B) No, I was charged $20. (いいえ、20ドル請求されました) ⟶ 不正解 (責任者に関係ない× charge の音ヒッカケ)

(C) No, Mr. Fisher is. (いいえ、Fisher さんです) ⟶ 正解 (自分ではない、Fisher さんと答えている 矛盾ナシ)

#### Yes/No を使わない答え

一歩先を伝える遠回しの答えなので、難易度が高くなります。問いかけの状況をイメージしながら、消去法を使って答えを選ぶのがコツ。音声をリピートしながら、正答と誤答の違いを確認しましょう。

🔊 06_5

**Do you have any baggage to check in?** (預ける荷物はありますか)

(A) She's a tourist. (彼女は観光客です) ⟶ 不正解 (問いに関係ない代名詞 she ×)

(B) Just this suitcase. (このスーツケースだけです) ⟶ 正解 (預ける荷物を答えているので矛盾ナシ)

(C) Check out, please. (チェックアウトお願いします) ⟶ 不正解 (預ける荷物の有無に関係ない× check の音ヒッカケ)

| Words & Phrases | 🔊 06_6 |
| --- | --- |

例題・問題に出てくる単語・表現をリピートして覚えましょう。

attend 動 ～に参加する　　part 名 部品　　accounting 名 会計　　commercial 名 コマーシャル 形 商業の

a couple of ～　いくつかの～、2つの～　　load 動 ～に荷物を積む　　pharmacy 名 薬局

plan on ~ing　～するつもりである　　supply 名 備品　　be surprised to ～　～して驚く　　break room　休憩室

---

### ナビクイズ例題　🔊 06_7

【解こう】　正答に○、誤答に×を書こう。

【聞こう】（　　）に単語を書き込もう。

↓　Are (　　　　　) (　　　　　　) to (　　　　　　) the end-of-year (　　　　　) this year?

☐　(A) (　　　　) (　　　　　) (　　　　　) a lot of (　　　　　).

☐　(B) I (　　　　　) some more (　　　　　).

☐　(C) (　　　　　), we (　　　　　) a great (　　　　　).

【ナビクイズ】（　　）内の適切なものに○をつけて解き方を完成させよう。

語順どおりに時制・主語・動詞を聞こう。(未来・過去) の (パーティー参加・イベント計画書) を尋ねている。(A) は (楽しさ・計画) を伝える応答なので矛盾が (ある・ない)。(B)は (パーティー・部品) に関する応答なので矛盾 (する・しない)。(C)は (代名詞・時制) が矛盾 (する・しない)。消去法で選べば正解は ((A)・(B)・(C))。

---

### ナビクイズ例題解答

【解こう】【聞こう】

語順どおりにキャッチ　「予定」　「参加」　　「パーティー」

Are ( you ) ( planning ) to ( attend ) the end-of-year ( party ) this year?
(今年の年末パーティーに参加する予定ですか)

=パーティー　　○矛盾ナシ

○　(A) ( It ) ( should ) ( be ) a lot of ( fun ). (それは楽しいに違いないでしょう)

dは弱い音　　×部品は関係ナシ　　party の音ヒッカケ

×　(B) I ( need ) some more ( parts ). (もっと部品が必要です)

この後、矛盾を確認

×　(C) ( Yes ), we ( had ) a great ( time ). (はい、とても楽しかったです)

×尋ねられたのはこれからの予定なのに過去形

【ナビクイズ】

語順どおりに時制・主語・動詞を聞こう。(未来・過去) の (パーティー参加・イベント計画書) を尋ねている。(A)は (楽しさ・計画) を伝える応答なので矛盾が (ある・ない)。(B)は (パーティー・部品) に関する応答なので矛盾 (する・しない)。(C)は (代名詞・時制) が矛盾 (する・しない)。消去法で選べば正解は ((A)・(B)・(C))。

---

### ナビクイズ問題 1　🔊 06_8

【解こう】【聞こう】

↓　Have you (　　　　　) Dominion Accounting's new television (　　　　　　)?

☐　(A) (　　　　　), I don't (　　　　　) it.

☐　(B) It's a (　　　　　) (　　　　).

☐　(C) (　　　　) (　　　　　) (　　　　　) times now.

【ナビクイズ】

CM (を見た・が好き) かどうかを尋ねている。(A) (Yes・No) とその後の内容は矛盾 (する・しない)。(B)は (テレビ・車) の種類を答えており、問いに関係 (する・しない) 応答。(C)はYes/Noを飛ばして (時刻・回数) を伝えており、矛盾 (する・しない)。消去法で選べば正解は ((A)・(B)・(C))。音ヒッカケに注意。

**ナビクイズ問題 2**  🔊 06_9

【解こう】【聞こう】

(      ) (      ) here have (      ) to (      ) me
(      ) the truck?

☐ (A) (      ) about (      ) (      ).

☐ (B) I'll (      ) (      ) a (      ).

☐ (C) It's a nice (      ).

【ナビクイズ】

(交通整理・荷物の積み込み) を (手伝う時間・指示する技術) がある人がいるかどうかを尋ねている。(A) (人数・時刻) の答えは矛盾 (する・しない)。(B)Yes/Noを飛ばして自分が (手伝う・指示する) と伝えるのは、矛盾 (する・しない)。(C)で答えている (荷物・道) は音ヒッカケ。消去法で選べば正解は ((A)・(B)・(C))。

**ナビクイズ問題 3**  🔊 06_10

【解こう】【聞こう】

Is there a (      ) that's (      ) (      ) (      ) around here?

☐ (A) That's (      ) (      ) (      ).

☐ (B) Chempro (      ) (      ) 10:00 P.M.

☐ (C) I'm (      ) on (      ) soon.

【ナビクイズ】

(8時に開く・遅くまで営業する) (雑貨店・薬局) があるかどうかを尋ねている。(A)は問いへの情報提供が (ある・ない)。(B)は店が午後10時に (開く・閉まる) と伝えており、矛盾 (する・しない)。(C)「(すぐ出発する・ここに住んでいる)」は問いと関係が (ある・ない)。消去法で選べば正解は ((A)・(B)・(C))。

**ナビクイズ問題 4**  🔊 06_11

【解こう】【聞こう】

Do you know (      ) we (      ) the cleaning (      )?

☐ (A) I was (      ) to (      ) it.

☐ (B) It's (      ) than I thought it would be.

☐ (C) In the (      ) by the (      ) (      ).

【ナビクイズ】

清掃用品の (交換時期・保管場所) を尋ねている。正解は、問いに対して情報を提供している ((A)・(B)・(C)) だ。音ヒッカケに気をつけて消去法で答えを選ぼう。Do you know ~ や Would you tell me ~の後に who、what、when、where などの疑問詞が続く疑問文は、WH疑問文と同じく疑問詞に対応する答えが正解となる。

➤➤ 解答・解説は129〜130ページ

06 Yes/No疑問文

**Part 2** 応答問題④
# 依頼・提案

ナビポイント **3カ条**

➤ 依頼？ 提案？ 冒頭を聞き取って意図をつかもう。

➤ 応答は「承諾」「断る」「慎重派」の3とおり。

➤ 定番フレーズをマスターすれば正答率アップ！

Could you ~?「～してくれますか」、Shall we ~?「～しませんか」のように、疑問文の形で依頼や提案を表現することがあります。Unit 07では依頼・提案の表現とその答え方を学びましょう。

## 依頼・提案の受け答え

TOEICで問われるのは、ビジネスシーンで受け答えする力。仕事を依頼したり、新しい企画を提案したりする状況が出題されます。依頼・提案には、承諾、断る、そして即答を避ける慎重派の3タイプの答え方があります。

提案：新製品の販売キャンペーンをしましょう。

承諾：いいですね！
いつ始めますか？

断る：残念ですが、
予算がありません。

慎重派：スケジュールを確認しましょう。部長の承認はとっていますか？

慎重派は確認したり、
質問で返したりします。

## 依頼

Will/Would you ~?や、Can/Could you ~?のように相手に「～していただけますか」と依頼する言い方と、Can/Could I ~?のように「～していいですか」と相手に許可を頼む言い方があります。承諾する場合、「もちろん」などと答えます。断る場合には「申し訳ありませんが」と前置きをしてから、事情を説明するのが定番です。質問返しで確認する慎重派の応答もありますよ。

🔊 07_1

(1) Q: **Would you** copy the materials for our staff meeting? (スタッフ会議の資料をコピーしてもらえますか)

A: **Sure**, I'll do it right away. (もちろん、今すぐやります) / **Certainly**. (かしこまりました)

(2) Q: Could you show the visitors around our factory? (訪問客の工場案内をしてもらえますか)

A: Sorry, but I have the appointment with my client. (申し訳ありませんが、顧客と約束があるのです)

(3) Q: Can I reschedule my delivery? (配達の日程を変更できますか)

A: Could you tell me your order number? (注文番号を教えてもらえますか)

(4) Q: Would you mind calling back later? (後で電話を折り返してもらえますか)

A: Not at all. (全然気にしません＝大丈夫です)

Would you mind -ing?「～することを気にしますか」は丁寧な依頼です。OKならば、「気にしない」と伝えるためにNot at all.「全然構いません」やOf course not.「もちろん構いません」などと答えます。否定のnotをつける応答が定番です。

## 提案

Shall/Should we ~? やLet's ~. は「私たち、～しませんか」と自分たちがすることを提案する表現です。Why don't we ~? は、「私たちはなぜ～しないのですか」という意味から「私たち、～しませんか」という提案表現となります。主語を変えてWhy don't you ~? にすれば「あなたは～したらどうですか」と相手へ提案する表現となります。また、How about ~?「～はどうですか」も提案表現です。承諾の場合、「いいですね」「喜んで」などと答えます。断る場合にはその理由を伝えます。質問返しで確認するパターンもあります。

🔊 07_2

(1) Q: Let's have lunch together. (ランチをご一緒しましょう)

A: I'd love to. (いいですね)

(2) Q: Why don't we offer a discount coupon? (割引クーポンを提供するのはどうでしょうか)

A: That's a good idea. (良い考えです)

(3) Q: Why don't you add a video to the presentation? (プレゼンテーションに動画を加えるのはどうでしょうか)

A: Will it attract an audience? (聴衆を引きつけるでしょうか)

## 答えの選び方

冒頭から依頼と提案のどちらなのかをつかみましょう。その後、大きく聞こえる動詞と名詞を語順どおりに聞き取ります。設問が終わった後に、定番の承諾・断る・慎重派の3タイプの応答を待ち構えて選択肢を聞けば、答えを選びやすくなります。

🔊 07_3

Would you pick up Mr. Klein at the airport tomorrow? (明日、空港にKleinさんを迎えに行ってもらえますか)

(A) You can pick it up on Sunday. (日曜に受け取れます) ⟶ 不正解 (pick upの音ヒッカケ。itはKleinさんを指せないのでNG)

(B) The flight was delayed. (飛行機が遅れました) ⟶ 不正解 (flightは空港の連想ヒッカケ)

(C) Sure, no problem. (もちろん、問題ありません) ⟶ 正解 (依頼に承諾する応答なのでOK)

Let's try

**Words & Phrases** 例題・問題に出てくる単語・表現をリピートして覚えましょう。

Would you mind ~ing? ～していただいても構いませんか　a little 少し　explain 動 説明する
later 副 後で　how to ~ ～するやり方　used to ~ かつて～していた　right now ちょうど今
count 動 重要である　hire 動 ～を雇う　a few more もう少し多く　factory 名 工場
appreciate 動 ～をありがたく思う　in fact 実際は　while 接 ～する間に　cancel 動 ～を中止する
place an order 注文する　busy season 繁忙期　storage room 保管場所

### ナビクイズ例題　🔊 07_5

【解こう】　正答に○、誤答に×を書こう。

【聞こう】　(　　) に単語を書き込もう。

(　　　　　) (　　　　　) (　　　　　) coming to (　　　　) (　　　　) (　　　　)
early tomorrow morning?

☐ (A) (　　　　　)'ll (　　　　　) later.

☐ (B) I (　　　　　) every morning.

☐ (C) (　　　　) (　　　　) (　　　　).

【ナビクイズ】　(　　) 内の適切なものに○をつけて解き方を完成させよう。

冒頭は (依頼・提案) の表現。明朝早く (仕事・散歩) をする (依頼・提案) をしている。「構いませんか」という
問いかけに (肯定・否定) の表現で応答する ((A)・(B)・(C)) が正解。設問が終わったら、承諾・断る・慎重派の
3タイプの応答を待ち構えて選択肢を聞くとよい。

---

#### ナビクイズ例題解答

【解こう】【聞こう】

依頼　　　　　　小さい口の「ア」で「ワーク」　　　　　　　リルって聞こえるよ
( Would ) ( you ) ( mind ) coming to ( work ) ( a ) ( little ) early tomorrow morning?
(明朝少し早く仕事に来ていただいても構いませんか)

つながるよ「アイレクスプレイン」　×依頼への応答になっていない
☒ (A) ( I )'ll ( explain ) later. (後ほど説明します)

口を大きく開けて「ウォーク」×work/walk の音ヒッカケ
☒ (B) I ( walk ) every morning. (私は毎朝歩きます)

○定番の応答 Not at all.　つながる音に注意「ナラローウ」
☑ (C) ( Not ) ( at ) ( all ). (全然構いません)

【ナビクイズ】

冒頭は (依頼・提案) の表現。明朝早く (仕事・散歩) をする (依頼・提案) をしている。「構いませんか」という問いかけに (肯定・
否定) の表現で応答する ((A)・(B)・(C)) が正解。設問が終わったら、承諾・断る・慎重派の3タイプの応答を待ち構えて選択肢を聞
くとよい。

### ナビクイズ問題 1　🔊 07_6

【解こう】【聞こう】

(　　　　　) (　　　　　) show me (　　　　) (　　　　　) use this new accounting
software?

☐ (A) I (　　　　　) to.

☐ (B) I'm (　　　　) (　　　　) (　　　　) right now.

☐ (C) It (　　　　) (　　　　).

冒頭は (依頼・提案) の表現。会計ソフトの (使い方・おすすめ製品) について尋ねている。問いかけに対して、(承諾して・断って・質問を返して) いる ((A)・(B)・(C)) が正解。設問に含まれる単語と似た発音の単語は、音ヒッカケの可能性が高い。

**ナビクイズ問題 2** 🔊 07_7

【解こう】【聞こう】

↓ (　　　　　) (　　　　　) (　　　　　) a few more people for the (　　　　)?

☐ (A) They'd (　　　　　) that.

☐ (B) It's getting (　　　　) and (　　　　　).

☐ (C) I am, (　　　　) (　　　　).

冒頭は (依頼・提案) の表現。より多くの人を (工場で・実際に) (解雇する・雇う) かどうか尋ねている。問いかけに対して、現場の人が (残念な・感謝する) 状況を伝えて (承諾・断り・質問) を表す ((A)・(B)・(C)) が正解。

**ナビクイズ問題 3** 🔊 07_8

【解こう】【聞こう】

↓ (　　　　　) (　　　　　) (　　　　　) go and (　　　　　) a musical (　　　　　)
　 we're (　　　　) New York?

☐ (A) (　　　　), that (　　　　) (　　　　).

☐ (B) (　　　　) it's the (　　　　) (　　　　).

☐ (C) It (　　　　) (　　　　).

冒頭は (依頼・提案) の表現。New York (を舞台とする・に滞在中の) ミュージカル (観劇・制作) を (依頼・提案) している。問いかけに対して (承諾して・断って・質問を返して) いる ((A)・(B)・(C)) が正解。冒頭の表現を集中して聞こう。

**ナビクイズ問題 4** 🔊 07_9

【解こう】【聞こう】

↓ (　　　　) (　　　　) (　　　　) an (　　　　) for (　　　　) (　　　　)
　 paper before the (　　　　) season?

☐ (A) Any (　　　　) is (　　　　) (　　　　) me.

☐ (B) That (　　　　) it.

☐ (C) Do we have (　　　　) (　　　　) (　　　　)?

冒頭は (依頼・提案) の表現。(繁忙期・出張) 前に紙を (注文・値段交渉) しておく (依頼・提案) だ。問いかけに対して (承諾して・断って・質問を返して) いる ((A)・(B)・(C)) が正解。承諾・断る・慎重派の応答を待ち構えて、定番パターンに合わない選択肢を消去していこう。

≫≫ 解答・解説は131〜132ページ

07 依頼・提案

# 選択疑問文

ナビポイント **3ヵ条**

➤ イントネーションを手がかりに、**X or Y?**を聞き取ろう。

➤ 「**X案です**」、「**Y案です**」、「**XでもYでもないZ案です**」の3つの答え方があるよ。

➤ **Yes/No**で答える選択肢は不正解だよ。

Unit 08では、X or Y? 「Xですか、Yですか」と2つの案を示す選択疑問文を学びましょう。意味の区切りを示すイントネーションが聞き取りのカギです。

### 選択疑問文の形とイントネーション

25問あるPart 2のうち、選択疑問文は2 ～ 3問出題されます。疑問詞で始まるWH疑問文タイプと、助動詞で始まるYes/No疑問文タイプの2とおりの型があります。どちらも、X or Y? 「X案ですか、それともY案ですか」と2つの案を尋ねる疑問文です。上がるイントネーション（上昇調）と下がるイントネーション（下降調）を手がかりに、X案とY案の聞き取り方をつかみましょう。

### WH疑問文のパターン

冒頭は集中して疑問詞を聞き取りましょう。矢印を見ながらリピートし、イントネーションの特徴を身につけましょう。下降調を使って、X案の前でいったん区切ります。その後、X案は上昇調で、Y案は下降調で発音します。

🔊 08_1

| How can I reach you, | by phone | or | by E-mail? |
|---|---|---|---|
| （どうやってあなたに連絡できますか | 電話で | それとも | メールで） |
| When is convenient for you to come here, | in the morning | or | after lunch? |
| （いつが 都合がいいですか あなたがここに来るのに | 午前 | それとも | 昼食後） |
| Which do you like better, | tea | or | coffee? |
| （どちらがより好きですか | 紅茶 | それとも | コーヒー） |

### Yes/No疑問文のパターン

or「それとも」までは、普通のYes/No疑問文と同じです。X案はいったん音程を低くしてから上昇調で発音されます。一瞬の間を置いてから、orに続けてY案が下降調で発音されます。イントネーションでX案とY案の違いが伝わるようにリピートしてみましょう。

🔊 08_2

Would you like an aisle seat
（通路側の席がよろしいですか

or
それとも

a window seat?
窓際の席）

Should I pay now
（今支払うべきですか

or
それとも

after I receive the product?
製品を受け取った後）

Will you deliver the package
（小包を配達してくれますか

or
それとも

should I pick it up?
私が取りに行くべきですか）

## 答えの選び方

X案とY案の選択疑問文に対し、正答になりえる応答は3種類。「X案です」、「Y案です」、そしてX案でもY案でもない、第三の可能性「Z案です」。Z案の応答は、Either is fine. 「どちらでも大丈夫です」、It depends ~.「～次第です」、How about ~?「（XでもYでもなく）～はどうですか」などが典型例です。また、選択疑問文に対し、Yes/Noの答えは不適切。「XそれともY？」の質問に、「はい」と答えられても、どちらか分かりませんね。Yes/Noから始まる選択肢は消去して答えを絞り込みましょう。

🔊 08_3

Where should we advertise, in the magazine or in the newspaper?
（どこに広告を出すべきでしょうか、雑誌でしょうか、それとも新聞でしょうか）

(A) This magazine has a bigger circulation.
　　（この雑誌は発行部数がより多いです）
→ 正解 （発行部数の多いX案「雑誌」がよいと答えている）

(B) I was surprised at the news. （ニュースに驚きました）
→ 不正解 （newspaperの音ヒッカケ）

(C) No, it won't be successful. （いいえ、それは成功しないでしょう）
→ 不正解 （Yes/NoはNG）

🔊 08_4

Should I cancel our budget meeting or hold it as scheduled?
（予算会議を中止すべきですか、それとも予定どおり開催すべきですか）

(A) Yes, a total renovation would cost too much.
　　（はい、全面改装は費用がかかりすぎます）
→ 不正解 （Yes/NoはNG）

(B) Construction was behind schedule.
　　（建設は予定より遅れていました）
→ 不正解 （scheduledの音ヒッカケ）

(C) How about an online meeting?
　　（オンライン会議にしてはどうでしょうか）
→ 正解 （第三のZ案を提案している）

Let's try

08
選択疑問文

**Words & Phrases** 🔊 08_5

例題・問題に出てくる単語・表現をリピートして覚えましょう。

prefer 動 ～の方を好む　　refrigerator 名 冷蔵庫　　repair 動 ～を修理する　　depend on ~ ～次第である
be happy with ~ ～に満足する　　online 副 インターネットで　　in person じかに、直接
actually 副 実際は　　successful 形 成功した　　either 形 (否定文で) どちらの～も、(肯定文で) どちらかの～
choice 名 選択肢　　order 動 ～を注文する　　stationery 名 文房具

**ナビクイズ例題** 🔊 08_6

【解こう】　正答に〇、誤答に×を書こう。

【聞こう】　(　　　) に単語を書き込もう。

(　　　　　) would you (　　　　　　), to (　　　　　) a (　　　　　) (　　　　　) or
to have this one (　　　　)?

☐ (A) It (　　　　) (　　　　　　) the (　　　　　).

☐ (B) I'm really (　　　　　) (　　　　　) the (　　　　) (　　　　).

☐ (C) I (　　　　) (　　　　　) do.

【ナビクイズ】　(　　　) 内の適切なものに〇をつけて解き方を完成させよう。

選択疑問文では、(イントネーション・アクセント) を手がかりにX案とY案を聞き取ろう。(プロジェクター・冷蔵庫) について、X案 (新品を購入・交換) するのか、Y案 (修理・返金) するのかを尋ねている。(大きさ・料金) 次第という (X案・Y案・Z案) で応答する ((A)・(B)・(C)) が正解。音ヒッカケに注意しよう。

**ナビクイズ例題解答**

【解こう】【聞こう】

選択疑問文　　　　　　　　　X案：新しい冷蔵庫購入　　　　　　Y案：修理
( Which ) would you ( prefer ), to ( get ) a ( new ) ( refrigerator ) or to have this one ( repaired )?
(新しい冷蔵庫を購入するのと、この冷蔵庫を修理してもらうのと、どちらがよろしいですか)

〇Z案：料金次第
◯ (A) It ( depends ) ( on ) the ( cost ). (料金次第です)

×newとone の音ヒッカケ
× (B) I'm really ( happy ) ( with ) the ( new ) ( one ). (新しいものにとても満足しています)

×設問に無関係の代名詞
× (C) I ( hope ) ( they ) do. (そうだといいのですが)

【ナビクイズ】

選択疑問文では、(~~イントネーション~~・アクセント) を手がかりにX案とY案を聞き取ろう。(プロジェクター・冷蔵庫) について、X案 (新品購入・交換) するのか、Y案 (修理・返金) するのかを尋ねている。(大きさ・料金) 次第という (X案・Y案・Z案) で応答する ((A)・(B)・(C)) が正解。音ヒッカケに注意しよう。

**ナビクイズ問題 1** 🔊 08_7

【解こう】【聞こう】

(　　　　　) (　　　　　) (　　　　　) to (　　　　　) with me to the showroom
(　　　　) just (　　　　) (　　　　)?

☐ (A) I want to (　　　　) the (　　　　) in (　　　　).

☐ (B) It's a (　　　　) (　　　　).

☐ (C) (　　　　), I don't (　　　　).

46

【ナビクイズ】

ショールームに (来る・勤務する) X案か、インターネットで (見る・仕事をする) Y案か、聞き手の希望を尋ねている。(X案・Y案) を言い換えて、(ネットで人事を担当する・製品を直接見たい) と応答する ((A)・(B)・(C)) が正解。選択疑問文にYes/Noの応答は不適切だ。

**ナビクイズ問題 2** 🔊 08_8

【解こう】【聞こう】

↓ (　　　) (　　　　) go to San Diego by (　　　) (　　　) (　　　)?

□ (A) It's (　　　　) (　　　) to (　　　) the (　　　).

□ (B) The (　　　) program was (　　　　).

□ (C) (　　　), (　　　　) would be (　　　).

【ナビクイズ】

San Diegoへの移動手段は、X案 (電車・バス) にすべきか、Y案 (自動車・飛行機) にすべきかを尋ねている。(X案・Y案) を言い換えて、(電車・バス・自動車・飛行機) を使う方がより (安い・速い) と伝える ((A)・(B)・(C)) が正解。選択疑問文に対するYes/Noを使った応答や、指すものが分からない代名詞は不適切。

**ナビクイズ問題 3** 🔊 08_9

【解こう】【聞こう】

↓ (　　　) will we have the barbecue, (　　　) (　　　) at the (　　　)?

□ (A) I'll (　　　) some (　　　).

□ (B) I (　　　) like (　　　) (　　　).

□ (C) I (　　　) my (　　　) on the street.

【ナビクイズ】

冒頭の疑問詞を聞き取ろう。バーベキューの (時間・場所) を尋ねている。イントネーションから、X案が (ここ・今から)、Y案が (公園・5時) の選択疑問文だと分かる。X案とY案のどちら (でもよい・も好きではない) という (X案・Y案・Z案) で応答する ((A)・(B)・(C)) が正解。ヒッカケを消去すれば選びやすくなる。

**ナビクイズ問題 4** 🔊 08_10

【解こう】【聞こう】

↓ (　　　) do you (　　　) office (　　　　), over the (　　　) (　　　) (　　　)?

□ (A) The (　　　) is about five (　　　) from (　　　).

□ (B) (　　　) a (　　　).

□ (C) It (　　　) (　　　).

【ナビクイズ】

冒頭の疑問詞から、(駅まで・文房具) の (距離・注文方法) を尋ねていると分かる。X案が (遠い・電話)、Y案が (近い・ネット) の選択疑問文だと分かる。X案とY案のどちら (でもよい・も好きではない) という (X案・Y案・Z案) で応答する ((A)・(B)・(C)) が正解。

**≫** 解答・解説は133〜134ページ

# 09 **Part 2** 応答問題⑥
# 否定疑問文・付加疑問文

> ### ナビポイント **3カ条**
>
> ➤ 否定疑問文の**not**、付加疑問文の文末（**isn't it?**や**right?**など）は取って考えよう。
>
> ➤ 矛盾のある選択肢は消去しよう。
>
> ➤ 選択肢の**No**は「ない」と考えると答えやすいよ。

Unit 09では、Don't you ~?のように冒頭の助動詞に**not**がつく否定疑問文と、don't you?のように文末に「～よね」と確認の意味が加わる付加疑問文を学びましょう。これらはPart 2で2 ~ 3問出題されます。

## 否定疑問文は**not**を取って考えよう

次の2つの例を比べてみましょう。

1. Have you taken the TOEIC test?
   （TOEICテストを受けたことがありますか）

（まだ受けていないから）
No.
（すぐ答えられるわ）

2. Haven't you taken the TOEIC test?
   （TOEICテストを受けたことがありませんか）

まだ受けていないよ。「はい、受けていません」だからYes?　でも受けていないからNo?　こんがらがってきちゃったよ

日本語で考えると混乱してしまいますね。Have you ~?で聞かれても、Haven't you ~?で聞かれても、受けていないなら答えはNo.です。質問の形が違っても、同じ答えになります。混乱しないで答えるには、**not**を取って考えればよいのです。

not (n't) を取れば

2. Haven't you taken the TOEIC test?

(notがない質問と同じように答えればいいのか！ それならできそう)
Have you taken the TOEIC test?
(まだ受けていないから) No.

## 否定疑問文／付加疑問文と答えの選び方

否定疑問文は文頭のnot (n't)を、付加疑問文は文末のisn't it? やright? を取って考えましょう。どちらも選択肢の冒頭にYesがあれば「〜する（した）」、Noがあれば「〜しない（しなかった）」と考えます。Yesを「はい」、Noを「いいえ」と訳すよりも混乱しません。続く表現に矛盾がある選択肢は消去しましょう。矛盾や、音ヒッカケを見抜くためには、語順どおりに問いかけを聞き取る力が不可欠ですよ。

🔊 09_1

Aren't these jackets on sale today? (今日、これらのジャケットはセール中ではないのですか)

(A) Yes, there's a 30 percent discount for members. (はい、会員には30％の値引きがあります)

⟶ 正解 (Yes=セール中。会員に30％オフ適用なので矛盾ナシ)

(B) Yes, we'll have a winter sale next week. (はい、来週冬のセールがあります)

⟶ 不正解 (Yes=セール中。なのにセールは来週と答えるのが矛盾する)

(C) Please take off the price tag. (値札を取ってください)

⟶ 不正解 (セールに関係ない応答はNG)

🔊 09_2

Paul Austin's new book is going to be published this week, isn't it?
(Paul Austinの新しい本は今週出版されますよね)

(A) Yes, I've already booked my flight. (はい、すでに飛行機を予約しました)

⟶ 不正解 (Yes=出版される。なのに本とは関係ない飛行機の話。bookの音ヒッカケ)

(B) No, the release was postponed until December. (いいえ、発売は12月まで延期になりました)

⟶ 正解 (No＝出版されない。12月まで延期だから矛盾ナシ)

(C) No, they work for a publishing company. (いいえ、彼らは出版社に勤めています)

⟶ 不正解 (No=出版されない。問いと無関係の代名詞theyがNG。publishの音ヒッカケ)

Let's try

## Words & Phrases
例題・問題に出てくる単語・表現をリピートして覚えましょう。

application form　申込用紙　　print 動 〜を印刷する　　right 副 ちょうど　　quite 副 かなり　　hard 形 難しい
corporate retreat　社員旅行　　treat 名 おごり　　cooperate 動 協力する　　van 名 バン (小型トラック)
reputation 名 評判　　defect 名 欠陥　　helpful 形 役立つ、頼りになる　　on vacation　休暇中で
send out 〜　〜を送信する　　memo 名 社内文書　　security 名 警備　　arrangement 名 体制、配置、手配
right?　ですよね　　lock 名 鍵　　lovely 形 素敵な

### ナビクイズ例題　🔊 09_4

【解こう】　正答に○、誤答に×を書こう。

　【聞こう】　(　　) に単語を書き込もう。

↓　(　　　　) (　　　　　) have any more (　　　　　　) (　　　　) for the (　　　　)?

☐　(A) (　　　　　), but I can (　　　　) one for you.

☐　(B) Right (　　　　).

☐　(C) The (　　　　) is quite (　　　　).

【ナビクイズ】　(　　) 内の適切なものに○をつけて解き方を完成させよう。

notを取り、語順どおりに聞き取ろう。(コンテスト・テスト) の (申し込みをした・申込用紙がある) かどうかを尋ねている。(Yes・No) と応答し、(申し込んでいない・申込用紙はない) けれど、(確認・印刷) してあげようと伝える ((A)・(B)・(C)) が正解。ヒッカケを選ばないように、まず設問を語順どおりに理解するのが大切。

### ナビクイズ例題解答

【解こう】【聞こう】
notを取って　Do you have ~?「~ある?」　「申込用紙」　　　「コンテストの」
　( Don't ) ( you ) have any more ( application ) ( forms ) for the ( contest )?
　(コンテストの申込用紙はもうありませんか)
　　　　　　　　＝ない　　でも印刷してあげる　　○用紙が必要な人への適切な応答
○ (A) ( No ), but I can ( print ) one for you. (ありませんが、あなたのために1部印刷できますよ)
　　　　　　　　×申込用紙の有無を答えていない
✕ (B) Right ( before ). (直前です)
　　　　×contest の音ヒッカケ
✕ (C) The ( test ) is quite ( hard ). (テストはかなり難しいです)

【ナビクイズ】
notを取り、語順どおりに聞き取ろう。(コンテスト・テスト) の (申し込みをした・申込用紙がある) かどうかを尋ねている。(Yes・No) と応答し、(申し込んでいない・申込用紙はない) けれど、(確認・印刷) してあげようと伝える ((A)・(B)・(C)) が正解。ヒッカケを選ばないように、まず設問を語順どおりに理解するのが大切。

### ナビクイズ問題 1　🔊 09_5

【解こう】【聞こう】

↓　1. (　　　　) (　　　　) (　　　　　) with us to the corporate (　　　　)?

☐　(A) I'll be (　　　) on (　　　　) (　　　　).

☐　(B) It's my (　　　　).

☐　(C) I (　　　) they (　　　　　).

【ナビクイズ】

notを取り、語順どおりに聞き取ろう。(会社の戦略を・社員旅行へ) 一緒に (来ませんか・完成させませんか) と勧誘している。(木曜日・土曜日) は忙しいと理由を伝えて提案を断っている ((A)・(B)・(C)) が正解。ヒッカケを選ばないように、まず設問を語順どおりに理解するのが大切。

**ナビクイズ問題 2** 🔊 09_6

【解こう】【聞こう】

↓ The new (　　　　　) from Spartan Motors has a (　　　　　) (　　　　　), doesn't it?

☐ (A) I (　　　) so.

☐ (B) (　　　　　), some (　　　　) were (　　　　　).

☐ (C) Some of the (　　　) are (　　　) (　　　).

【ナビクイズ】

付加疑問文の付加部doesn't it?は、答え選びに関係ないので取って考えよう。新しい (車・禁止規則) が (報告されている・評判が良い) と伝えている。(同意・反対) して、(そう思う・欠陥がある・売り出し中) と応答する ((A)・(B)・(C)) が正解。(Yes・No) の後ろに矛盾があるので ((A)・(B)・(C)) は不適切。

**ナビクイズ問題 3** 🔊 09_7

【解こう】【聞こう】

↓ You (　　　) (　　　) Mr. Douglas (　　　), have you?

☐ (A) (　　　), he was very (　　　).

☐ (B) (　　　), he was (　　　) (　　　) when I (　　　) (　　　).

☐ (C) I (　　　) so.

【ナビクイズ】

「Douglasさんに (会いました・会っていません) よね」と伝えている。「〜よね」にあたるhave you?は、答え選びに関係ないので取って考えよう。Yesは (会った・会っていない)、Noは (会った・会っていない) の意味だ。Noの後ろに矛盾がある ((A)・(B)・(C)) は消去して、矛盾のない ((A)・(B)・(C)) を選ぼう。

**ナビクイズ問題 4** 🔊 09_8

【解こう】【聞こう】

↓ You (　　　) (　　　) a (　　　) about the new (　　　) (　　　), right?

☐ (A) New (　　　).

☐ (B) The flower (　　　) look (　　　).

☐ (C) (　　　) evening.

【ナビクイズ】

「(メンバーに・社内文書を) 送信してくれましたよね」と伝えている。「〜よね」と同意を求めるright?は、答え選びに無関係なので取って考えよう。送信した (内容・時間) を答えることで、肯定の返答となる ((A)・(B)・(C)) が正解。大きく聞こえる名詞と動詞を聞き取って、語順どおりに問いかけの意味を理解していこう。

>> 解答・解説は135〜136ページ

» 設問から状況をイメージしよう。

» トラブルには解決につながる応答、報告には感想・説明・質問返しが答えになりやすいよ。

» 音ヒッカケやちぐはぐな応答を消す消去法を活用しよう。

Unit 10で学ぶのは、3～4問出題される平叙文（疑問文ではない普通の文）です。発言の内容から状況をイメージし、スルーしないで反応を示す応答を選びましょう。イギリスの発音にも慣れましょう。

### 平叙文が伝える情報

英語では、「誰が」「どうする」の順で情報が聞こえてきます。「どうする」の部分から、話題が報告なのか、トラブルなのかが分かります。状況に対して反応を示す感想・説明・質問などの応答をイメージしましょう。

🔊 10_1

| | 報告・トラブル | 応答例 |
|---|---|---|
| Ms. Jefferson<br>（Jeffersonさんが | was promoted to sales manager.<br>昇進した　　　　営業マネジャーに） | 知らなかった！<br>彼女は優秀だもの。<br>いつ昇進したの？ |
| The customer satisfaction survey<br>（顧客満足度調査が | was carried out last week.<br>実施された　　　　先週） | それは興味深い。<br>社内報に載っていましたね。<br>結果はいつ分かるの？ |
| Our department store's sales<br>（私たちのデパートの売り上げが | have fallen this year.<br>落ちている　　今年） | 残念だなあ。<br>特別セールを企画しよう。<br>どのくらい落ちたの？ |

## トラブルに対する答え方

トラブルには解決の糸口になる応答を選びましょう。

🔊 10_2

I can't access the company network. (会社のネットワークにアクセスできません)

(A) The password has changed. (パスワードが変わったのです) ⟶ 正解 (トラブルの原因を答えているのでOK)

(B) The conference site is accessible by train. (会議場へは電車で行けます) ⟶ 不正解 (トラブルへの反応ナシ accessの音ヒッカケ)

(C) We should advertise online. (インターネットで宣伝すべきです) ⟶ 不正解 (トラブルへの反応ナシ networkの連想ヒッカケ)

## 報告に対する答え方

オフィスでの報告には、感想・説明・質問返しなど会話がつながる応答を選びましょう。

🔊 10_3

We've received a lot of applications for the assistant position. (助手の職位に多くの応募を受け取りました)

(A) This application has just been released. (このアプリは発売されたばかりです) ⟶ 不正解 (応募への反応ナシ applicationの音ヒッカケ)

(B) How many? (数は) ⟶ 正解 (応募に関心を示し数を尋ねる質問返し)

(C) Yes, he is. (はい、彼がそうです) ⟶ 不正解 (応募への反応ナシ 無関係な代名詞heはNG)

## 注意が必要なイギリス発音

リスニングセクションでは、4種類の英語が使われています。比較的なじみのあるアメリカ英語に加えて、イギリス英語、カナダ英語、オーストラリア英語もあります。なかでもイギリス英語に苦手意識を持つ学習者が多いようです。下の表には、TOEIC頻出単語のうち、アメリカとイギリスで発音が異なる単語を示しています。音声に続けてリピートし、違いを確認しておきましょう。

🔊 10_4

| 意味 | 語句 | アメリカ発音 | イギリス発音 |
|---|---|---|---|
| 広告 | advertisement | エァドヴァ**タ**イズメント | アド**ヴァー**ティスメント |
| よりよい | better | ベラ | ベタ |
| できない | can't | **キャ**ント | **カー**ント |
| どちらか | either | **イー**ザ | **アイ**ザ |
| しばしば | often | **ア**フン* | **ア**フトゥン |
| 予定 | schedule | ス**ケ**ジューゥ | **シェ**ジューゥ |
| ツアー | tour | **トゥ**ア | **ト**ー |

*アメリカ英語でも**ア**フトゥンと発音される場合がある。

Let's try

**Words & Phrases** 🔊 10_5

例題・問題に出てくる単語・表現をリピートして覚えましょう。

out of order 故障している　maintenance 名 保守整備、メンテナンス　indoor 形 屋内の
take ages 時間がかかる　had better ('d better) ～した方がいい　airline 名 航空会社　due 形 締め切りの
parcel 名 小包　wear out 傷む　dishwasher 名 食洗機　come with ～ ～がついている
warranty 名 保証　on schedule 予定どおり　large 形 (範囲などが) 広い　sore 形 痛い

**ナビクイズ例題** 🔊 10_6

【解こう】正答に〇、誤答に×を書こう。

【聞こう】(　) に単語を書き込もう。

↓　The escalator on the first (　　　) is (　　　) of (　　　) this morning.

☐ (A) Have you (　　　) (　　　　　)?

☐ (B) An (　　　) event.

☐ (C) The (　　　) takes (　　　) to (　　　).

【ナビクイズ】(　) 内の適切なものに〇をつけて解き方を完成させよう。

語順どおりに聞き取って状況をイメージしよう。エスカレーターが (注文できない・故障している) トラブルを述べている。解決の糸口をつかむために (メンテナンス・建設業者) に (来てもらった・電話した) かどうかを尋ねる質問返しの ((A)・(B)・(C)) が正解。トラブルには、親切な応答が正答になるケースが多い。

---

### ナビクイズ例題解答

【解こう】【聞こう】
冒頭から内容をつかむ 「エスカレーター」「1階」「故障中」＝トラブル

The escalator on the first ( floor ) is ( out ) of ( order ) this morning. (1階のエスカレーターは、今朝故障しています)

〇質問返しが解決の糸口　イギリス英語のYes/No疑問文は下降調

☐〇 (A) Have you ( called ) ( maintenance )? (メンテナンスに電話しましたか)

✕故障に対する返答ナシ

☒ (B) An ( indoor ) event. (屋内のイベントです)

✕floor の音ヒッカケ

☒ (C) The ( floor ) takes ( ages ) to ( clean ). (床は掃除するのに時間がかかります)

【ナビクイズ】
語順どおりに聞き取って状況をイメージしよう。エスカレーターが (注文できない・~~故障している~~) トラブルを述べている。解決の糸口をつかむために (~~メンテナンス~~・建設業者) に (来てもらった・~~電話した~~) かどうかを尋ねる質問返しの ((A)・(B)・(C)) が正解。トラブルには、親切な応答が答えになるケースが多い。

**ナビクイズ問題 1** 🔊 10_7

【解こう】【聞こう】

↓　My (　　　) to Chicago has been (　　　　　).

☐ (A) You'd (　　　) (　　　) with the other (　　　).

☐ (B) We (　　　) (　　　) it.

☐ (C) It's (　　) (　　　) (　　　) (　　　).

【ナビクイズ】

(電車・飛行機) が (遅れた・キャンセルになった) トラブルを述べている。解決に向けて、(can't・had better) という表現を用いて (アドバイスをする・感想を述べる) 選択肢 ((A)・(B)・(C)) が正解。語順どおりに聞き取って、トラブルの発生や報告している場面がイメージできれば答えを選びやすくなる。

54

ナビクイズ問題 2 🔊 10_8

【解こう】【聞こう】

↓ Some (　　　　　　) arrived for you while you (　　　　) (　　　　).

☐ (A) They (　　　) (　　　　) fast.

☐ (B) I (　　　　) (　　　　) anything.

☐ (C) Did (　　　) (　　　) a (　　　　　)?

【ナビクイズ】

あなたの (運動中・外出中) に (小包・財布) が届いたと報告している。聞き手が届いた物に対して、自分が (落とした・注文した) のではないと状況を説明する選択肢 ((A)・(B)・(C)) が正解。似た音のヒッカケや文脈に合致しないちぐはぐな代名詞を含む選択肢は消去しよう。

ナビクイズ問題 3 🔊 10_9

【解こう】【聞こう】

↓ This dishwasher (　　　　) (　　　　) a five-year (　　　　　).

☐ (A) It's on (　　　　　).

☐ (B) It's quite (　　　　), too.

☐ (C) (　　　　) (　　　) did it (　　　)?

【ナビクイズ】

食洗機について5年 (前の商品が届いた・間の保証がついている) と述べていることから、商品購入時の (トラブル・報告) の状況をイメージしよう。聞き手が (トラブル・報告) に対して (配達・保証) に関する (質問を返す・感想を伝える) 選択肢 ((A)・(B)・(C)) が正解。

ナビクイズ問題 4 🔊 10_10

【解こう】【聞こう】

↓ I saw an (　　　　　　　) for a walking (　　　　) of London.

☐ (A) That's (　　　) (　　　　).

☐ (B) My (　　　) are (　　　), too.

☐ (C) Did it (　　　) (　　　　)?

【ナビクイズ】

London (を歩き回るツアーの・へ歩いて行ける) (広告・アパート) を見たと報告している。見た物に対して (遠すぎる・面白そうでしたか) と (質問を返す・感想を伝える) 選択肢 ((A)・(B)・(C)) が正解。advertisement やtourはイギリス英語とアメリカ英語で発音が異なる。音読をして、イギリスの発音にも慣れておこう。

≫ 解答・解説は137〜138ページ

10
平叙文

# Part 3 ってどんなパート？

Part 3の会話問題は39問。全部で13の会話が流されます。会話を聞き取って、設問に対する最も適切な選択肢を選んで解答用紙にマークします。1つの会話につき設問は3問、選択肢は(A)〜(D)の4つです。設問と選択肢は印刷されていますので、会話が流れる前に先読みをして、何が問われるのかを把握してから会話を聞くことがコツです。問題番号はNo.32〜70です。600点を目指すなら、24問（6割）以上の正解を目指しましょう。1つの会話に対して2問ずつ正解できれば十分6割以上を達成できます。

| 問題冊子 | 音声 | 解き方 |
|---|---|---|
| 6ページ目<br>**PART 3** 指示文 | ♪<br>Directions | 毎回同じ解き方の説明なので、聞かなくても大丈夫。 |
| 32. Where most likely -------<br>  (A) At a restaurant<br>  (B) At a hotel<br>  (C) At a museum<br>  (D) At a supermarket | **Part 3**の解き方が英語で説明される<br><br>♪<br>You will hear -----------<br>---------------------------<br>---------------------------<br>---------------------------<br>---------------------------<br>spoken only one time. | Directionsが流れている約30秒の時間を使って、1つ目の会話の設問（32〜34）と選択肢を先読みしよう。<br><br>（先読み手順）<br>・まず設問3つに目を通して、何が問われるのかを把握しよう。<br>・設問3つの意味がつかめたら、選択肢にも目を通そう。<br>・設問を読むだけで時間がなくなった場合は、選択肢は読まなくても大丈夫。聞くことに集中しよう。 |
| 33. What will happen next week?<br>  (A) A new location will -------<br>  (B) A new product will -------<br>  (C) A radio advertisement<br>    -------<br>  (D) An award will ------- | | |
| 34. What will the woman -------<br>  (A) Check a web site<br>  (B) Call another location<br>  (C) Cancel the reservation<br>  (D) Place an order | （ここまで約30秒）<br>♪<br>Questions 32 through 34 refer to the following conversation.<br><br>男性と女性の会話<br>W: Welcome to ~.<br>M: Hi, I am ~.<br>W: -------------.<br>M: ----------------.<br>W: -------------------. | ←このセリフが聞こえたら会話が始まるよ。<br>・聞きながらマークシートの該当する選択肢にチェック✓をしていこう。<br>・マークシートを塗りつぶしていると会話を聞き逃す可能性があるので、チェックを入れるだけでOK。聞くことに集中し、会話を聞き終えてから、チェックを入れた選択肢を塗りつぶそう。<br><br>32. (A) (B)✓ (C) (D)<br>33. (A) (B) (C)✓ (D)<br>34. (A)✓ (B) (C) (D) |

| 問題冊子 | 音声 | 解き方 |
|---|---|---|
| 35. Who most likely is the woman?<br>(A) A programmer<br>(B) A salesperson<br>(C) A librarian<br>(D) An accountant | ♪<br>32〜34 設問の読み上げ＋8秒の間 | ・32〜34のチェックした選択肢を塗りつぶしたら、すぐ次の会話の設問35〜37の先読みに移ろう。<br>・先読み手順を繰り返そう。 |
| 36. Why does the man say, -------<br>(A) He is ready to leave.<br>(B) The shelf will be removed.<br>(C) He needs the -------<br>(D) A manual has been misplaced.<br><br>37. What information does -------<br>(A) The price of a subscription<br>(B) The name of a publication<br>(C) The address of a client<br>(D) The deadline for a project | ♪<br>Questions 35 through 37 refer to the following conversation.<br><br>男性と女性の会話<br>M: Excuse me. ---.<br>W: ------------------.<br>M: -------------.<br>W: -----------------.<br>M: --------------------.<br>W: -----------------. | ←このセリフが聞こえたら会話が始まるよ。<br>・時間がなくて、先読みしている間に会話が聞こえてきてしまったら、先読みを止めて聞くことに集中しよう。<br>・リズムを崩したら、3問目だけ先読みして会話の最後を聞いて答え、リズムを取り戻すのもいい。<br>・分からない場合は適当にマークして次を聞く。 |

**【問題タイプと解答力を上げるコツ】**

Part 3では会話を聞いて、会話の概要とその詳細情報を聞き取る力があるかどうかが試されます。
次の先読みのコツと聞き取りのコツをつかんで解答力を上げましょう。

① ヒントは設問の順番に会話に現れることが多い。

② 場所、職業、話題が問われていたら、概要を問う問題なのでヒントが複数カ所に登場する。
　それ以外の設問はヒントが1カ所にしか登場しない確率が高い (Unit 11、12、13参照)。

③ 設問にmost likely、probablyなどが含まれていても、内容には関係ないので省いて読む。

④ 選択肢は縦にさっと目を通す。もし時間がなければ設問を先読みするだけでよい。

⑤ 答えが聞き取れなかった場合は、他の情報から、消去法で答えを選ぼう。

⑥ 会話の内容が選択肢で言い換えて表現されている場合が多い (Unit 12、13参照)。

⑦ 聞き取れなかったものはあきらめて適当にマークして次を聞こう。迷って考えていると次を逃す。

⑧ Part 3の会話問題には2人の会話と3人の会話が登場するが、解法は同じ。(Unit 16参照)

⑨ Part 3では、発言の意図を問う意図問題が2問程度出題される (Unit 14参照)。
　先読みで問われるセリフを確認しておこう。

⑩ Part 3では、最後にグラフィック問題が3問程度出題される (Unit 15参照)。
　先読みのときに図やグラフを見ておこう。先読みの時間的余裕がない場合も多いので、Part 1のDirectionsが流れている間に最後のグラフィック問題を見ておくとよい。

### ナビポイント 3カ条

➤ 設問を先読みして、聞かれるポイントを把握してから聞き取ろう。

➤ 会話が行われている場所、話し手の職業、話題は、会話の中に出てくる単語から推測できるよ。

➤ 会話の冒頭にはさまざまなヒントがあるので、できるだけたくさんの語句を聞き取ろう。

Unit 11 では、概要を問う設問の解き方を学びます。Part 3 の会話問題では、会話が行われている場所、話し手の職業、話題など、全体の概要をまずつかみましょう。

### 複数のキーワードから状況を推測しよう

会話の冒頭には概要をつかむために重要な情報が詰まっています。

場所、職業、状況を推測できる語句がちりばめられていますので、名詞や動詞をまず聞き取っていきましょう。会話の意味が全て分からなくても、いくつかのキーワードさえ聞き取れれば状況をイメージすることができます。例えば、次の語句から、会話が行われている場所、話している人、状況を推測してみましょう。

① ticket (チケット) buy (買う) train (電車) delay (遅れ)
　⇒ 場所：駅
　　話者：駅員と電車に乗りたい人
　　状況：電車が遅延している

② welcome (ようこそ) menu (メニュー) order (注文する) vegetarian (ベジタリアン)
　⇒ 場所：レストラン
　　話者：店員と客
　　状況：ベジタリアンメニューを注文している

このように、概要に関する設問に答えるためには、状況を頭の中でイメージすることが大切です。

## 状況を推測する問題にチャレンジ

いくつかの語句を聞いて、会話の場所と状況を推測してみましょう。

🔊 11_1

① ticket　concert　Monday　sold out　　　　場所 ＿＿＿＿＿＿＿ 状況 ＿＿＿＿＿＿＿

② airlines　flight　boarding　delay　　　　　場所 ＿＿＿＿＿＿＿ 状況 ＿＿＿＿＿＿＿

③ reservation　check in　breakfast　complimentary　場所 ＿＿＿＿＿＿＿ 状況 ＿＿＿＿＿＿＿

### 推測

① ticket（チケット）concert（コンサート）Monday（月曜日）sold out（売り切れた）

　⇒ 場所：コンサートのチケット売り場　　状況：月曜日のチケットが売り切れている

② airlines（航空会社）flight（フライト）boarding（搭乗）delay（遅れ）

　⇒ 場所：空港　　状況：搭乗が遅れている

③ reservation（予約）check in（チェックインする）breakfast（朝食）complimentary（無料の）

　⇒ 場所：ホテル　　状況：チェックインのとき、無料の朝食がついているか確認している

概要のヒントになる単語は名詞や動詞が多く、比較的はっきり発音されますので、できるだけ多くのキーワードを聞き取って、概要を把握していきましょう。

## 概要を問う設問形式

場所、職業、話題などの概要を問う設問は、多くの場合１問目に出題されます。設問と選択肢は印刷されていますので、会話の音声が流れる前に設問を先読みして、何が問われているかを把握しておきましょう。概要に関する設問には以下のような例があります。設問文と意味を覚えてしまえば先読みが速くできます。

🔊 11_2

【会話が行われている場所を問う設問】

Where is the conversation taking place?（会話はどこで行われていますか）

Where most likely are the speakers?（話し手たちはどこにいると考えられますか）

【話し手の職業や会社を問う設問】

Who most likely is the man?（男性は誰だと考えられますか）

What is the man's job?（男性の職業は何ですか）

What most likely is the woman's occupation?（女性の職業は何だと考えられますか）

Where does the man most likely work?（男性はどこで働いていると考えられますか）

【話題を問う設問】

What are the speakers discussing?（話し手たちは何について話していますか）

What are the speakers talking about?（話し手たちは何について話していますか）

What is the topic of the conversation?（会話の話題は何ですか）

## Words & Phrases 🔊 11_3

次の例題・問題に出てくる単語・表現をリピートして覚えましょう。

express train 急行列車　scheduled 形 予定された　receipt 名 領収書　electric 名 電気　形 電気の
assistance 名 手伝うこと　look for ~ ～を捜す　shaver 名 かみそり　sell out of ~ ～を完売する
shipment 名 積み荷　for the rest of the day その日の残り時間　order 動 ～を注文する
part 名 (機械などの) 部品　all up 全部を合計して　repair 名 修理　cost 動 ～ (金額・費用) がかかる

### ▶ ナビクイズ例題 🔊 11_4

【解こう】　正しい選択肢を選ぼう。

Where does the conversation most likely take place?

(A) At a train station　　　(B) At an airport

【聞こう】　(　　) に単語を書き込もう。

W: ❶ I need a (　　　　　　　) for the express (　　　　　　　) to Brighton.

M: The next (　　　　　　　) is scheduled for 10:23, but it's running 20 minutes late. Is that OK?

W: That's fine. I'll get something to eat while I wait. ❷ What time will it arrive at Brighton (　　　　　　　)?

M: At around 11:10. It's $13.20. Do you need a receipt?

【ナビクイズ】　(　　) 内の適切なものに○をつけて解き方を完成させよう。

「会話はどこで行われていると考えられますか」という設問だ。❶冒頭で女性は (電車・飛行機) の (乗車券・航空券) が必要だと述べている。❷そして次に女性は Brighton (空港・駅) に到着する時刻を尋ねている。これらのキーワードから、この会話が行われている場所は、((A)・(B)) だと分かる。

---

### ナビクイズ例題解答

【解こう】

Where does the conversation most likely take place? (会話はどこで行われていると考えられますか)

(A) At a train station (鉄道駅) ○ ❶ *ticket, train* ❷ *station*　　　(B) At an airport (空港) ×

【聞こう】

W: ❶ I need a ( ticket ) for the express ( train ) to Brighton.

M: The next ( train ) is scheduled for 10:23, but it's running 20 minutes late. Is that OK?

W: That's fine. I'll get something to eat while I wait. ❷ What time will it arrive at Brighton ( Station )?

M: At around 11:10. It's $13.20. Do you need a receipt?

> 訳　W: Brighton行きの急行の乗車券をください。
> M: 次の電車は10時23分に予定されていますが、20分遅れとなっています。それで大丈夫ですか。
> W: 大丈夫です。待っている間に何か食べることにします。電車は何時にBrighton Stationに着きますか。
> M: 11時10分頃です。13ドル20セントになります。領収書は必要ですか。

【ナビクイズ】

「会話はどこで行われていると考えられますか」という設問だ。❶冒頭で女性は (電車・飛行機) の (乗車券・航空券) が必要だと述べている。❷そして次に女性はBrighton (空港・駅) に到着する時刻を尋ねている。これらのキーワードから、この会話が行われている場所は、((A)・(B)) だと分かる。

 ナビクイズ問題 1　🔊 11_5

【解こう】

Who most likely is the woman?

(A) An electrician　　(C) A personal assistant

(B) A sales clerk　　(D) A hairstylist

【聞こう】

W: ❶ Welcome to Holmes (　　　　　). ❷ Let me know if you need any (　　　　　).

M: Well actually, ❸ I'm looking for the new electric shaver from Daletech.

W: I'm afraid we've sold out of those. We're getting a new shipment in on Friday.

M: I see. Well, I'll come back on Friday, then. Can I ask you to hold one for me?

【ナビクイズ】

「女性は誰だと考えられますか」という設問だ。❶冒頭で女性は「Holmes (電気・サロン) にようこそ」と述べてから、❷何か (お手伝い・注文) が必要ならばおっしゃってください、と述べている。❸男性はそこで新しい電気カミソリを探している。接客をしているので、この女性は、((A)・(B)・(C)・(D)) だと分かる。

ナビクイズ問題 2　🔊 11_6

【解こう】

What are the speakers mainly discussing?

(A) Car maintenance　　(C) Vacation plans

(B) A rental service　　(D) A business trip

【聞こう】

W: Mr. Gains. ❶ I've just taken a look at your (　　　　　), and ❷ I've found a few
　　things (　　　　　) — other than the tires.

M: I hope it won't be too expensive.

W: It shouldn't be too bad, but you'll have to leave it with us for the rest of the day. ❸ We
　　need to order some (　　　　　). All up, ❹ the (　　　　　) shouldn't cost
　　more than two hundred dollars.

【ナビクイズ】

「話し手たちは主に何について話し合っていますか」という設問だ。❶冒頭で女性は、(車・旅程) を検査して❷(良い点・悪い点) を見つけたと言っている。❸女性はいくつかの (サービス・部品) を注文する必要があると述べている。❹最後のセリフに (出張・修理) という単語があるので、これらのキーワードから ((A)・(B)・(C)・(D)) が正解だと分かる。

≫ 解答・解説は139〜140ページ

# 詳細問題

house — tree — habitation

walnut — food

ナビポイント **3カ条**

- ➤ 会話の内容の詳細を問う設問はヒントが1回しか述べられないので、先読みをして待ち構えて聞こう。
- ➤ 設問の主語になっている人（the manなら男性、the womanなら女性）が話す部分にヒントがある場合が多いよ。
- ➤ 会話の中で述べられていることが選択肢で言い換えられている場合が多いよ。

Unit 12では、詳細情報を問う設問の解き方を学びます。トラブルなどの内容、理由、提案、日時などが1カ所で述べられます。設問を先読みして問われている内容を聞き逃さないようにしましょう。

## 設問の主語に注意

内容の詳細に関する設問は多種多様です。何度もヒントが登場する概要問題と比べると、ヒントは1回しか述べられない場合が多いので、設問の先読みがより重要です。問われる内容を待ち構えて聞き取りましょう。

ほとんどの場合、設問の主語になっている人のセリフの中にヒントが登場します。

例：What information does the woman request?（女性はどんな情報を求めていますか）

　　⇒女性のセリフの中にヒントがある

しかし、例外もあり、相手のアドバイスや提案によって主語が影響を受ける場合は、相手のセリフの中にヒントが登場します。

## 言い換え表現を見抜こう

会話の中で述べられていることが選択肢の中で言い換えられていることがよくあります。次の例を見てみましょう。

**設問** 設問と選択肢を先読みしましょう。先読みした後 🔊 **12.1** を聞きましょう。

What problem does the man mention?（男性はどんな問題について述べていますか）
(A) Some visitors are late.（何人かの訪問者が遅れる）
(B) Some equipment is out of order.（機器が故障している）
(C) Paper is out of stock.（紙が在庫切れだ）
(D) A meeting room was not reserved.（会議室が予約されていない）

🔊 **12_1** 会話を聞いて、正しい選択肢を選びましょう。

W: Tony, are you ready for your presentation? (Tony、プレゼンテーションの準備はできましたか)

M: Not yet. I need 20 copies of my documents, but the copy machine is broken.
(まだなんです。資料が20部必要なのに、コピー機が壊れているんです)

W: That's too bad. I'll call the maintenance department.
(それは困りましたね。私がメンテナンス部に電話をします)

M: Thank you. Please tell them my presentation will start at 1:00 P.M.
(ありがとうございます。プレゼンテーションは午後1時からだと伝えてください)

**解き方** 解法を確認しましょう。

① 「男性はどんな問題について述べていますか」という設問。男性のセリフの中に答えがあると分かります。

② 男性が "I need 20 copies of my documents, but the copy machine is broken."（資料が20部必要なのに、コピー機が壊れているんです）と述べているので、ここが問われていると分かります。
but、unfortunately、I am afraidの後にはトラブルの内容が説明されることが多くあります。

③ "the copy machine is broken"を選択肢の中で探しますが、ないので、言い換えられていると分かります。
the copy machine ⇒ some equipment（機器）、broken ⇒ out of order（故障して）と言い換えられているので、(B)が正解。(C)のout of stockは在庫切れという意味です。
このように、会話の中に登場するセリフが言い換えられて選択肢に書かれている場合が多いので、言い換え表現を見抜いて正解を選びましょう。

## 頻出の言い換え表現

🔊 **12_2** 音声を聞いて発音をチェックしましょう。

**名詞：** achievement = success（成功）　agreement = contract（契約書）　assessment = evaluation（評価）
attendee = participant（参加者）　belongings = possessions（所持品）
brochure = pamphlet（小冊子）　car = vehicle（乗り物）　chance = opportunity（機会）
colleague = coworker（同僚）　company = business（会社）　cuisine = cooking（料理）
evidence = proof（証拠）　invoice = bill（請求書）　merchandise = goods（商品）
position = post（職）　power = electricity（電気）　reservation = booking（予約）

**動詞：** buy = purchase（〜を購入する）　call back = return a call（電話をかけ直す）
contact = get in touch with 〜（〜に連絡をする）　discount = reduce a price（金額を割り引く）
distribute = hand out 〜 / pass out 〜（〜を配布する）　provide = offer（〜を提供する）

**形容詞：** annual = once-a-year（年に1回の）　bulk = large（大口の）　complimentary = free（無料の）
convenient = easily accessible（便利な）　updated = revised（更新された）

## 詳細を問う設問形式

🔊 **12_3** 詳細を問う設問形式はさまざまです。

What problem does the woman mention? (女性はどんな問題について述べていますか)

According to the woman, what will the man have to do? (女性によると男性は何をする必要がありますか)

What does the man ask about? (男性は何について尋ねていますか)

Let's try

## Words & Phrases

◀) 12_4

例題・問題に出てくる単語・表現をリピートして覚えましょう。

discuss 動 ～を話し合う　advertising campaign 広告キャンペーン　available 形 会うことができる
reservation 名 予約　view 名 眺め　serve 動 ～を出す　modern 形 現代的な　cuisine 名 料理
vegetarian 形 菜食主義の　celebrate 動 ～を祝う　retirement 名 退職

### ナビクイズ例題　◀) 12_5

【解こう】　正しい選択肢を選ぼう。

Why did the man come to work early?

(A) To finish a report　　(C) To avoid a traffic jam

(B) To meet a client　　(D) To prepare for a business trip

【聞こう】　(　) に単語を書き込もう。

W: Good morning, Bill. You're here (　　　　　). What time did you get to work?

M: I arrived about 10 minutes ago. ❶ I'm going to get (　　　　　) with Mr. Hammond

　　from TRH Industries to (　　　　　) our plans for his new advertising campaign.

　　This is the only (　　　　) he has (　　　　).

W: I see. I think I saw him downstairs. Have a good discussion with him.

【ナビクイズ】　(　　) 内の適切なものに〇をつけて解き方を完成させよう。

「男性はなぜ早く職場に来たのですか」という設問だ。ヒントは (男性・女性) が話しているセリフの中にある。
❶男性は、TRH Industriesという会社のHammondさんに (会って・電話して) 彼の新しい広告キャンペーン
について (契約する・話し合う) つもりだと述べている。正解は❶を言い換えた ((A)・(B)・(C)・(D))。

---

### ナビクイズ例題解答

【解こう】

Why did the man come to work early? (男性はなぜ早く職場に来たのですか)

(A) To finish a report (報告書を仕上げるため) ×　　(C) To avoid a traffic jam (交通渋滞を避けるため) ×

(B) To meet a client (顧客に会うため) ○ ❶　　(D) To prepare for a business trip (出張の準備をするため) ×

【聞こう】

W: Good morning, Bill. You're here ( early ).What time did you get to work?

M: I arrived about 10 minutes ago. ❶ I'm going to get ( together ) with Mr. Hammond from TRH Industries to ( discuss ) our plans for his new advertising campaign. This is the only ( time ) he has ( available ).

W: I see. I think I saw him downstairs. Have a good discussion with him.

訳　W: Bill、おはようございます。早いですね。何時に職場に到着したのですか。
　　M: 約10分前に到着しました。TRH社のHammondさんと会って、彼の新しい広告キャンペーンの計画について話し合う予定なのです。彼が都合のつくのはこの時間だけなのです。
　　W: そうですか。階下で彼を見かけたと思います。彼との話し合いがうまく進むといいですね。

【ナビクイズ】

「男性はなぜ早く職場に来たのですか」という設問だ。ヒントは (男性・女性) が話しているセリフの中にある。❶男性は、TRH Industries という会社のHammondさんに (会って・電話して) 彼の新しい広告キャンペーンについて (契約する・話し合う) つもりだと述べている。正解は❶を言い換えた ((A)・(B)・(C)・(D))。

ナビクイズ問題 1　◀)) 12_6

【解こう】

Why is the man disappointed?

(A) Breakfast is not included.

(B) A fishing tour has been canceled.

(C) His room does not face the lake.

(D) His room is too small.

【聞こう】

W: Thank you for waiting, Mr. Wang. You have a (　　　　　　　　) for a (　　　　　　　)

(　　　　　　　　) with breakfast tomorrow morning. Is that right?

M: That's right. May I have a room with a (　　　　　　　) of the lake?

W: I'm (　　　　　　　) that all the single rooms facing the lake are (　　　　　　　).

M: ❶ Oh, that's too (　　　　　　). ❷ I was really (　　　　　　) forward to having a

view of the lake.

W: If you don't (　　　　　　) spending an additional $50, I could (　　　　　　) you

a twin room. It is on the lake side, and it's much more spacious.

【ナビクイズ】

「男性はなぜがっかりしていますか」という設問だ。男性の ❶ (それは残念だ・それは仕方がない) という発言の後を聞こう。湖の眺めを見ることをとても楽しみにしていた、と述べている。つまり男性ががっかりしている理由は ❷ ができないということなので、正解は ((A)・(B)・(C)・(D))。

ナビクイズ問題 2　◀)) 12_7

【解こう】

What does the man ask about?

(A) Menu options

(B) Parking availability

(C) Business hours

(D) Seating availability

【聞こう】

W: I've made a (　　　　　　) (　　　　　　　　) for us at Pullman's. It's for 7:00 P.M.

M: ❶ What kind of (　　　　　　) do they serve?

W: It's modern cuisine. They have a large (　　　　　　　) menu. Mr. Tanaka's a

(　　　　　　　), so it seemed like a good choice.

M: That's fair enough. We're celebrating his (　　　　　　　). Let's take a taxi after work.

【ナビクイズ】

「男性は何について聞いていますか」という設問だ。男性が話すセリフの内容を聞き取ろう。❶ 男性はどんな (食べ物・サービス) が供されるのかと聞いている。正解はそれを言い換えた ((A)・(B)・(C)・(D))。

▶▶ 解答・解説は140〜141ページ

12
詳細問題

# 13 Part 3 会話問題③
## 次の行動・申し出・提案・依頼の問題

I'll join you in ten minutes.

**ナビポイント 3カ条**

▶ 会話の後半には、次に取る行動、申し出、提案、依頼事項などが述べられる場合が多いよ。

▶ 次の行動を示すには、未来形のwillやbe going to ~ などがよく使われるよ。

▶ 申し出、提案はrecommend、suggest、offer、If you like, I could ~ など、依頼はplease ~ などの表現が使われるよ。

Unit 13では、話者の次の行動、申し出、提案、依頼事項などを問う設問の解き方を学びます。

### 会話の最後の部分は未来志向

会話の最後には、次の行動を示唆する、提案や申し出をする、依頼する等、これからの行動を示す未来志向のセリフが多くあります。会話の後半で一度だけ述べられる場合が多いので、聞き逃さないようにしましょう。

**次の行動** I'll join you in ten minutes. (10分後に参加します)

**申し出** If you like, I could take you to the airport. (もしよろしければ、空港に送っていきましょうか)
I could offer you a discount. (割引をご提供することができます)

**提案** I recommend checking the Web site. (そのウェブサイトを確認することをお勧めします)

**依頼** Could you let me know if you can't attend? (出席できない場合は私に知らせていただけますか)

**これからの行動を表す表現**には未来形のwillやbe going to ~ などがよく使われます。**提案や申し出**には、recommend「~を勧める」、suggest「~を提案する」、offer「~を申し出る」、If you like, I could ~ 「もしよろしければ、私が~しましょうか」などの表現が頻出です。**依頼**は、please ~ 「~してください」や、could you ~ 「~していただけますか」などの表現がよく使われます。その後を聞き取りましょう。

### 提案や申し出を聞き取ろう

Part 3には、トラブルや問題が起き、それを解決するという流れの会話がよく登場します。解決するために、話し手が提案や申し出をします。最後に依頼事項を述べることもあります。次の例を見てみましょう。

**設問** 設問と選択肢を先読みしましょう。先読みした後 🔊 13_1 を聞きましょう。

What does the man offer to do? (男性は何をすることを申し出ていますか)
(A) Place an advertisement (広告を出す)
(B) Replace some defective goods (欠陥品を交換する)

66

(C) Check inventory at another location（他の場所の在庫を確認する）

(D) Pick up a colleague（同僚を車で迎えに行く）

🔊 13_1　会話を聞いて、正しい選択肢を選びましょう。

W: Do you have paper plates for parties?（パーティー用の紙皿はありますか）

M: Unfortunately, they've sold out.（残念ながら売り切れています）

W: Oh, no! I need them for a party this afternoon.（どうしましょう！　今日の午後のパーティーに必要なんです）

M: If you like, I could check whether another store has them in stock.
　　（もしよろしければ、他の店舗に在庫があるか確認しましょうか）

W: Thank you. If they have them in stock, please ask them to hold 20 for me.
　　（ありがとうございます。もし在庫があれば、私のために20個取っておくように頼んでください）

問題発生: Unfortunately, Oh, no! ⇒ 解決のための提案: If you like, I could ~ ⇒ 依頼事項: please ~

**解き方**　解法を確認しましょう。

① 設問の主語が男性なので、男性のセリフの中に答えがあると分かります。

② 申し出をするときには、If you like, I could ~ という表現がよく使われます。この後を聞き取りましょう。"If you like, I could check whether another store has them in stock."（もしよろしければ、他の店舗に在庫があるか確認しましょうか）と申し出ているので、ここが問われていると分かります。

③ 選択肢の中に全く同じ表現がないので、言い換え表現を探しましょう。in stock ⇒ inventory（在庫）、store ⇒ location（場所）と言い換えているので、(C)が正解。

申し出や提案も他の詳細問題と同様に、同義語や他の表現に言い換えられて、セリフとは異なる選択肢になっている場合が多いので注意しましょう。

### 次の行動・申し出・提案・依頼を問う設問形式

次の行動、申し出、提案、依頼などを問う設問は、多くの場合2、3問目に出題されます。設問の中に未来表現やrecommend、offer、suggest、I could ~、ask、requestなどが使われています。

🔊 13_2

【次の行動を問う設問】

What will the man most likely do next?（男性はおそらく次に何をしますか）
What does the woman say she will do?（女性は何をすると言っていますか）

【申し出や提案の内容を問う設問】

What does the man offer to do?（男性は何をすることを申し出ていますか）
What does the woman suggest the man do?（女性は男性に何をするよう提案していますか）

【依頼・要求の内容を問う設問】

What does the man ask the woman to do?（男性は女性に何をするよう頼んでいますか）
What does the woman request?（女性は何を求めていますか）

Let's try

## Words & Phrases

例題・問題に出てくる単語・表現をリピートして覚えましょう。

due to ~ ～が原因で　　make it 間に合う　　valid 形 有効な　　expired 形 有効期限が切れている
honor 動 ～を引き受ける　　model 名 型　　supervisor 名 監督者　　negotiate 動 交渉する
landlord 名 大家、地主　　lower 動 ～を減らす　　drop off 減る　　accountant 名 会計士
premises 名 (土地を含めた) 建物

ナビクイズ例題　((1)) 13_4

【解こう】　正しい選択肢を選ぼう。

What will the man most likely do next?

(A) Call a client　　　　(C) Rent a car

(B) Send an e-mail　　　(D) Buy a ticket

【聞こう】　(　　) に単語を書き込もう。

M: Hi Jane. I'm at the (　　　　　　　　). I've just been informed that my flight has been

　 (　　　　　　　　) due to the weather.

W: Oh, that's too bad. Will you be able to make it to the (　　　　　　)?

M: Well, ❶ I'm going to (　　　　　　) a car and (　　　　　　) to Seattle.

W: I hope there's one available. You need to be here by 1:00 P.M. for your (　　　　　　).

【ナビクイズ】　(　　) 内の適切なものに○をつけて解き方を完成させよう。
「男性はおそらく次に何をしますか」という設問だ。次の行動は、be going to ~ の後を聞こう。❶車を (借りて・
キャンセルして) (運転して・バスで) Seattle に行くと述べている。正解は ((A)・(B)・(C)・(D))。

---

### ナビクイズ例題解答

【解こう】

What will the man most likely do next? (男性はおそらく次に何をしますか)

(A) Call a client (顧客に電話する) ×述べられていない　　　(C) Rent a car (車を借りる) ○ ❶ 車を借りて運転する

(B) Send an e-mail (Eメールを送る) ×述べられていない　　(D) Buy a ticket (チケットを買う) ×述べられていない

【聞こう】

M: Hi Jane. I'm at the ( airport ). I've just been informed that my flight has been ( canceled ) due to the weather.

W: Oh, that's too bad. Will you be able to make it to the ( conference )?

M: Well, ❶ I'm going to ( rent ) a car and ( drive ) to Seattle.

W: I hope there's one available. You need to be here by 1:00 P.M. for your ( presentation ).

訳　M: こんにちは、Jane。私は空港にいます。私のフライトが天候のせいでキャンセルされると、たった今言われたんです。

　　W: まあ、それは大変ですね。会議に間に合わせることができますか。

　　M: ええと、車を借りてSeattle まで運転していこうと思います。

　　W: 借りられる車があるといいですね。プレゼンテーションのために午後1時までにはここにいらしていただく必要があります。

【ナビクイズ】

「男性はおそらく次に何をしますか」という設問だ。次の行動は、be going to ~ の後を聞こう。❶車を (借りて・キャンセルして)
(運転して・バスで) Seattle に行くと述べている。正解は ((A)・(B)・(C)・(D))。

 **ナビクイズ問題 1** 🔊 13_5

【解こう】

What does the woman offer to do?

(A) Cancel an order

(B) Consult with a supervisor

(C) Provide a refund

(D) Arrange free membership

【聞こう】

W: If you order today, we can deliver the refrigerator to your home by, umm... tomorrow afternoon.

M: Great. I received this (            ) for five percent off in the mail. Is it still (            )?

W: (            ), it's (            ). ❶ If you like, I (            )

(            ) with the manager to see if we can still (            ) it.

M: Please do. If you can't, I'll have to take one of the cheaper models.

【ナビクイズ】

「女性は何をすると申し出ていますか」という設問。女性が話すセリフの中にヒントがある。❶ 申し出の表現 "If you like, I could ~"の後を聞こう。女性は、(会員権・割引券) を (引き受けられる・発行できる) かどうか責任者に (確かめる・頼む) と述べている。よって正解は❶を言い換えた ((A)・(B)・(C)・(D))。

 **ナビクイズ問題 2** 🔊 13_6

【解こう】

What does the woman suggest doing?

(A) Getting assistance from an accountant

(B) Hiring additional employees

(C) Looking for new premises

(D) Enrolling in a college course

【聞こう】

W: Thanks for coming in, Mr. Thompson. I understand that you would like to (            ) with the (            ) to have your (            ) lowered.

M: That's right. Sales have been dropping off and we can't keep paying the same amount.

W: ❶I (            ) having your (            ) communicate with the (            ) to explain the situation.

M: I see. Should she call your office, or the landlord directly?

【ナビクイズ】

「女性は何をするように提案していますか」という設問。女性のセリフの中にヒントがある。提案の表現 recommendの後に述べられることを聞き取ろう。❶女性は男性の (会計士・部下) に、(管理人・大家) に連絡して状況を説明してもらうように勧めているので、❶を言い換えた ((A)・(B)・(C)・(D)) が正解。

▶▶ 解答・解説は142〜143ページ

# 14 Part 3 会話問題④
# 意図問題

**ナビポイント 3カ条**

➤ 発言の意図が問われるセリフを必ず先読みで把握しておこう。

➤ 問われている発言の前後の会話の流れを聞き取って意図を正確に把握しよう。

➤ 発言の意図がつかめなかったときは消去法も有効だよ。

Unit 14では、意図問題の解き方を学びましょう。Part 3では、意図問題は2問程度出題されます。会話の流れを理解して発言の真の意図を把握しましょう。

### 意図問題とは

意図問題は設問の形で分かります。例えば以下は意図問題の典型的な設問形式です。

What does the man imply when he says, "Our budget is limited"?
(男性は "Our budget is limited"という発言で、何を示唆していますか)

"Our budget is limited." (私たちの予算は限られている) という発言は、会話の流れによって意図する意味が変わります。①〜④のセリフの応答として述べられた場合、どのような意味になるか見てみましょう。

① もっとたくさんテレビ広告を出しましょうよ。⇒ 予算が限られているから無理です。

② 招待状の印刷は上質紙にしますか、普通紙にしますか。⇒ 予算が限られているから普通紙にします。

③ アルバイトは2人雇いますか、1人にしますか。⇒ 予算が限られているから1人だけにします。

④ 昨年は前年度の繰り越しがありましたね。⇒ 予算が限られているから今年は条件が厳しいです。

同じ"Our budget is limited."という発言であっても、前後の会話の流れによって示唆している意味が変わってくるのです。

意図問題は、問われている表現の意味が分からないと意図を推測しにくいですが、もし意味が分からなかった場合は、全体の会話の流れから推測するか、消去法を使って解いてみましょう。

### 意図問題にチャレンジ

次の問題を解いてみましょう。

**設問** 設問と選択肢を先読みしましょう。先読みした後 🔊 14_1 を聞きましょう。

What does the man imply when he says, "I'll be in Florida"?
(男性は "I'll be in Florida"という発言で、何を示唆していますか)

(A) He has postponed his vacation. (彼は休暇を延期した)

(B) He will attend a seminar. (彼はセミナーに出席する予定だ)

(C) He cannot work on Saturday. (彼は土曜日には仕事ができない)

(D) He has not read a memo. (彼は社内連絡メモを読んでいない)

🔊 **14_1** 会話を聞いて、正しい選択肢を選びましょう。

W: Todd, would you mind coming in on Saturday afternoon instead of Friday afternoon?

M: I'll be in Florida. I have to attend a friend's wedding.

W: That's too bad. We just got a lunch booking for a group of 20, and I'll need as many people as possible on duty.

M: I wish I could help, but I've already booked my flight.

**解き方** 解法を確認しましょう。

① 女性が金曜の午後の代わりに土曜の午後に来てもらえないかと頼んでいます。

　Would you mind -ing?「～することを気にしますか＝～してもらえますか」は依頼の表現です。

② 意図問題のセリフ"I'll be in Florida"が登場。

③ フロリダに行く理由＝友人の結婚式に出席する、と述べています。

④ 女性がそれは困りましたと述べています。男性が女性の依頼を断ったことに対する反応です。

⑤ 女性は依頼の理由を述べています。on duty は「勤務中で」という意味です。このセリフで、彼らの職場はレストランで、女性が男性に土曜日の仕事を依頼したことが分かります。

⑥ 男性は I wish I could help という仮定法の表現を使って、「協力したいけれどできない」という意味を表現しています。「土曜の午後はフロリダにいるので仕事ができない」ということから、正解は(C)です。

**訳** W: Todd、金曜日の午後の代わりに土曜日の午後に来てもらえますか。

　　M: 私はフロリダにいる予定です。友人の結婚式に出席しなければいけないんです。

　　W: それは困りました。20人のグループのランチの予約がちょうど入って、できるだけ多くの人に勤務してもらう必要があるんです。

　　M: 協力できるといいのですが、すでに飛行機を予約しているんです。

## 発言の意図を問う設問形式

発言の意図を問う設問の形式はほぼ決まっています。発言" ---- "は、どの形式でも設問の文末に来ます。

🔊 **14_2**

What does the man imply when he says, " ---- "? (男性は " ---- " という発言で、何を示唆していますか)

What does the woman mean when she says, " ---- "? (女性は " ---- " という発言で、何を意味していますか)

Why does the man say, " ---- "? (男性はなぜ " ---- " と言っていますか)

Let's try

**ナビクイズ例題**　◀)) 14_4

【解こう】　正しい選択肢を選ぼう。

What does the man mean when he says, "Not too long"?

(A) The grass does not need to be cut.　　(C) He arrived just before the woman.

(B) The processing time will be short.　　(D) He wants guests to leave early.

【聞こう】　（　　）に単語を書き込もう。

W: Hi, I've just moved to London, and I'd like to open an (　　　　　) here so that my employer can transfer my wages.

M: Sure, here's an (　　　　　) form. Please (　　　　　) it out and bring it back with some photo identification like a passport or a driver's license.

W: Thanks. ❶(　　　　　)(　　　　　) will it take to create the (　　　　　)?

M: ❷Not too long. It should be ready by (　　　　　).

【ナビクイズ】　（　　）内の適切なものに○をつけて解き方を完成させよう。

「男性は"Not too long"という発言で、何を意味していますか」という設問だ。❶女性が (口座・店) を開くために (かかる時間・場所) を聞いている。男性が ❷ "Not too long"と述べている。(明日・昼食時) までにはできるはずだと述べているので、"Not too long"の発言の意図は (所要時間が長くない・場所が遠くない) ことだと分かる。よって正解は ((A)・(B)・(C)・(D))。

──────────────────────────────

**ナビクイズ例題解答**

【解こう】

What does the man mean when he says, "Not too long"?
(男性は "Not too long"という発言で、何を意味していますか)

(A) The grass does not need to be cut. (芝生は刈る必要がない) ×述べられていない

(B) The processing time will be short. (処理時間は短いだろう) ○ ❷昼食時までにはできる⇒それほど時間はかからない

(C) He arrived just before the woman. (彼は女性の少し前に到着した) ×述べられていない

(D) He wants guests to leave early. (彼は客に早く帰ってほしい) ×述べられていない

【聞こう】

W: Hi, I've just moved to London, and I'd like to open an ( account ) here so that my employer can transfer my wages.

M: Sure, here's an ( application ) form. Please ( fill ) it out and bring it back with some photo identification like a passport or a driver's license.

W: Thanks. ❶( How ) ( long ) will it take to create the ( account )?

M: ❷Not too long. It should be ready by ( lunchtime ).

**訳** W: こんにちは。私はちょうどLondonに引っ越してきたばかりで、雇用主が私の給料を振り込めるように、口座をこちらで開きたいのですが。

M: もちろんです。こちらに申込用紙があります。それに記入して、パスポートや運転免許証のような写真つき身分証明書と一緒にお持ちください。

W: ありがとうございます。口座を作るにはどれくらいの時間がかかりますか。

M: それほど長くはかかりません。昼食時までにはできるはずです。

【ナビクイズ】

「男性は "Not too long"という発言で、何を意味していますか」という設問だ。❶女性が (口座・店) を開くために (かかる時間・場所) を聞いている。男性が ❷ "Not too long"と述べている。(明日・昼食時) までにはできるはずだと述べているので、"Not too long"の発言の意図は (所要時間が長くない・場所が遠くない) ことだと分かる。よって正解は ((A)・(B)・(C)・(D))。

 ナビクイズ問題 1  14_5

【解こう】

Why does the man say, "I couldn't be better"?

(A) He is feeling very well.

(B) He tried his hardest.

(C) He did not have any training.

(D) He has heard some good news.

【聞こう】

W: ❶ (　　　　　　　　) are you feeling today, Jack? ❷ I noticed you (　　　　　　　　) early yesterday afternoon.

M: ❸ I couldn't be better. I just had an (　　　　　　　) to meet with a real estate agent. How did your presentation go? I'm sorry I couldn't be there.

W: I wish I'd rehearsed a little more, but I think it went OK. The clients said they'd get back to us by Friday.

M: I'm sure they'll accept our bid.

【ナビクイズ】

「男性はなぜ "I couldn't be better"と言っていますか」という設問だ。❶冒頭で女性はJackの体調を聞いている。❷昨日の午後Jackは早く (来社・退社) したのに気づいたと述べている。女性は、Jackの体調が悪かったのではと心配していることが分かる。❸I couldn't be better. は (これ以上悪いことはあり得ない・これ以上いいことはあり得ない) ということを表すフレーズで、(最悪だ・絶好調だ) という意味だ。体調を聞かれてすぐ答えているので、(とても気分がいい・仕事がうまくいっている) という意図で述べられている。よって正解は ((A)・(B)・(C)・(D)) だと分かる。

14 意図問題

>> 解答・解説は144ページ

# グラフィック問題

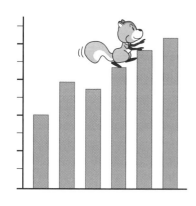

ナビポイント **3カ条**

➤ 設問に "Look at the graphic." とあったら、図（グラフィック）を見て答える設問だよ。

➤ 会話を聞く前に図と設問を見ておくことが大事だよ。

➤ 図と選択肢に共通している事項以外の情報を聞き取って、図と情報を照合して正解を選ぶよ。

Unit 15では、グラフィック問題の解き方を学びます。Part 3では、最後にグラフィック問題が3問程度出題されます。図が何を表しているかを把握してから会話を聞きましょう。

## グラフィック問題とは

設問と選択肢の他に図が掲載されている問題です。図は、地図、売り上げグラフ、運行表、価格表、メニュー、予定表、案内板、クーポンなど多岐にわたります。

## 図表に関して問う設問形式

グラフィックを見て答える設問は、1問目、2問目、3問目のどこでも出題される可能性がありますが、必ずLook at the graphic. という文が設問の最初に入りますので、すぐ分かります。その後を聞き取りましょう。

🔊 15_1

Look at the graphic. Which class will the woman most likely choose?
（図を見てください。女性はどのクラスを選ぶと考えられますか）

Look at the graphic. How much will the man most likely pay?
（図を見てください。男性はいくら払うと考えられますか）

以下の2点は解き方の重要なコツです。

・ 会話が始まる前に図を見て、何の図なのか把握しておきます。先読みできなかった場合でも、解答時間が通常より長い（12秒）ので、あせらないように解きましょう。

・ 選択肢と図を比べると必ず共通している事項があります。共通項以外の情報を聞き取って図と照合し、該当する答えを選択します。

## グラフィック問題にチャレンジ

次の問題を解いてみましょう。

**設問** 設問、選択肢、図を先読みしましょう。先読みした後 🔊 15_2 を聞きましょう。

Look at the graphic. Where does the man most likely work?
(図を見てください。男性はどこで働いていると考えられますか) ⇒ ①グラフィック問題だ！

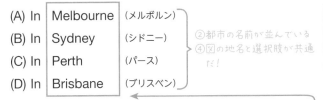

(A) In　Melbourne　（メルボルン）
(B) In　Sydney　（シドニー）
(C) In　Perth　（パース）
(D) In　Brisbane　（ブリスベン）

②都市の名前が並んでいる
④図の地名と選択肢が共通だ！

【設問と図の先読みの仕方】
1. 設問を見ます。Look at the graphic. と書かれているのでグラフィック問題だと分かります。
男性の働いている場所を問う設問です。
2. 選択肢には都市の名前が並んでいることを、さっと確認します。
3. 図を見ます。タイトルはQuarterly Sales（四半期の売上）です。
4. 横軸には選択肢と全く同じ4つの都市名が並んでいます。
5. 縦軸には売上高が示されています。
聞き取らなければいけない情報は、縦軸の売上高に関する情報だと分かります。
それによって横軸の選択肢から内容に一致するものを選びます。

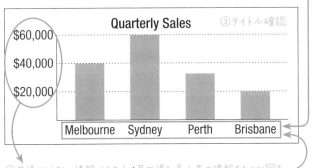

③タイトル確認

Quarterly Sales

$60,000
$40,000
$20,000

Melbourne　Sydney　Perth　Brisbane

⑤共通ではない情報はこれ！⇒耳で得た売上高の情報をもとに図を見てどの棒なのか特定する

🔊 15_2　会話を聞いて、正しい選択肢を選びましょう。

W: Welcome to the monthly meeting of regional managers. I'm going to invite Jack to speak first. His branch's sales have been excellent this quarter, and I'd like to hear how he did it. (月次の地域マネジャー会議にお越しいただき、ありがとうございます。最初にJackに話していただきたいと思います。彼の支店のこの四半期の売上は素晴らしく、どのようにそれを達成したか聞きたいのです)

M: We were just lucky. There was an article in the local newspaper about the benefits of eating healthy food, and it mentioned our business. Sales almost doubled overnight. (私たちはただラッキーでした。地元の新聞に健康な食品を食べることの恩恵について記事が出て、私たちの会社が言及されたのです。売上は一夜にしてほぼ倍になりました)

W: We should suggest the idea to newspapers in other cities. (私たちはそのアイデアを他の市の新聞に提案すべきですね)

**解き方**　解法を確認しましょう。

①冒頭で女性は最初にJackに話してほしいと述べています。

②彼の支店のこの四半期の売上は素晴らしいと述べています。グラフを見ると、ダントツに売上が高いのはSydneyなので、Jack、つまりこの男性はSydney支店のマネジャーだと分かります。よって正解は(B)です。

Let's try

## Words & Phrases

例題・問題に出てくる単語・表現をリピートして覚えましょう。

sponsor 動 ～を後援する　　local 形 地元の　　put up ~ ～を掲げる　　sign 名 看板　　leave 動 ～を置いていく
guess 動 ～だと思う　　depend on ~ ～による　　visible 形 目に見える　　across 前 ～を横断して
nonstop 形 直行の　　pick up ~ ～を車で迎えに行く　　though 副 でも　　shuttle bus シャトルバス

### ナビクイズ例題　🔊 15_4

【解こう】　正しい選択肢を選ぼう。

Look at the graphic. Where will the festival most likely be held?

(A) At Site A　　　(C) At Site C

(B) At Site B　　　(D) At Site D

【聞こう】　(　　　) に単語を書き込もう。

W: We've been asked to sponsor a local festival. If we provide more than $5,000, they'll put up a sign with our company logo at the festival and leave it up until next year's festival.

M: I guess it depends on how visible the sign will be. ❶ (　　　　　　　) are they holding the (　　　　　　　)?

W: I've forgotten the name of the park. ❷ It's the one on (　　　　　　　) Street (　　　　　　　) the road from the (　　　　　　) Hotel.

M: I know the one.

【ナビクイズ】　(　　　) 内の適切なものに○をつけて解き方を完成させよう。

「図を見てください。そのお祭りはどこで開催されると考えられますか」という設問だ。❶ 男性が場所を聞いているのに対して、❷女性が答えている。(Rogen・Pitt) Street 沿いの (Portlandia・Amber) Hotel (から道路を渡った向かい側・の隣) なので、開催場所は ((A)・(B)・(C)・(D)) だと分かる。

---

### ナビクイズ例題解答

【解こう】

Look at the graphic. Where will the festival most likely be held?
(図を見てください。そのお祭りはどこで開催されると考えられますか)

(A) At Site A (敷地A) ✕ Amber ホテルの向かいではない

(B) At Site B (敷地B) ✕ Pitt 通り沿いではない

(C) At Site C (敷地C) ○ ❷Pitt 通り沿いで Amber ホテルの向かい

(D) At Site D (敷地D) ✕ Pitt 通り沿いではない

【聞こう】

W: We've been asked to sponsor a local festival. If we provide more than $5,000, they'll put up a sign with our company logo at the festival and leave it up until next year's festival.

M: I guess it depends on how visible the sign will be. ❶ ( Where ) are they holding the ( festival )?

W: I've forgotten the name of the park. ❷ It's the one on ( Pitt ) Street ( across ) the road from the ( Amber ) Hotel.

M: I know the one.

**訳** W: 私たちは地元のお祭りの後援をするように頼まれました。もし私たちが5,000ドル以上提供すれば、会社のロゴがついた看板を掲げてくれて、次年度のお祭りまでそこに置いてくれるということです。

M: どれくらいその看板が目を引くかにもよりますね。どこでそのお祭りは開かれるのですか。

W: その公園の名前を忘れてしまいました。それはPitt Street沿いのAmber Hotelから道路を渡った向かい側です。

M: その公園は知っています。

## 【ナビクイズ】

「図を見てください。そのお祭りはどこで開催されると考えられますか」という設問だ。❶男性が場所を聞いているのに対して、❷女性が答えている。(Rogen・Pitt) Street沿いの (Portlandia・Amber) Hotel (から道路を渡った向かい側・の隣) なので、開催場所は ((A)・(B)・(C)・(D)) だと分かる。

  15_5

## 【解こう】

Look at the graphic. Which flight will the man most likely take?

(A) HY737

(B) LK742

(C) JI839

(D) CT382

| Flight Number | Destination | Departure |
|---|---|---|
| HY737 | For Sacramento | 3:40 P.M. |
| LK742 | For Cloverfield | 3:50 P.M. |
| JI839 | For Sacramento | 5:20 P.M. |
| CT382 | For Cloverfield | 5:40 P.M. |

## 【聞こう】

W: ❶ Which (　　　　　　　　　　) are you taking this afternoon?

M: I'm not sure. ❷ It leaves at (　　　　　　　　　). It's a nonstop flight, ❸ so I'll arrive in

(　　　　　　　　　) at 5:30. Ms. Ohara has agreed to pick me up from the airport.

W: How are you getting to the airport from here, though? I was going to offer to take you.

M: That won't be necessary. I've reserved a seat on the airport shuttle bus. It leaves from

White Street at 1:00.

## 【ナビクイズ】

「図を見てください。男性はどのフライトに乗ると考えられますか」という設問だ。選択肢と図で共通なのは (便名・行先) なので、それ以外の情報が会話の中で述べられると分かる。❶ 女性が今日の午後のどの (フライト・電車) に乗るのか、と尋ねているのに対して、❷ 男性は午後 (3時40分・3時50分) 発の ❸ (Cloverfield・Sacramento) 行きの直行便に乗る予定だと述べている。聞き取った情報から、図の (Departure・Flight Number) の欄を見て、該当する便の (Departure・Flight Number) を選べばよい。正解は ((A)・(B)・(C)・(D)) だ。

▶▶ 解答・解説は145ページ

15 グラフィック問題

# 16 Part 3 会話問題⑥
## 総合問題

> ナビポイント **3カ条**
>
> ▶ Part 3には3人の会話問題も出題されるよ。2人より少し複雑になるけれど解法は2人の場合と同じだよ。
>
> ▶ 3つの設問と選択肢をできるだけ速く先読みできるように練習しよう。
>
> ▶ 選択肢は縦に目を通すと効率よく読めるよ。

Unit 16では、今までの知識を使って3つの設問を連続して解く練習をしましょう。600点を狙う場合は3問中2問正解を目指しましょう。

### 解き方の確認

3人の会話を聞いて問題を解いてみましょう。2人の会話問題と同じ方法で解くことができます。

**設問** 設問と選択肢を先読みしましょう。先読みした後 🔊 **16_1** を聞いて解いてみましょう。

1. Where does the conversation most likely take place? (会話が行われている場所⇒概要問題⇒ヒント複数)

   (A) At a **garage**
   (B) At a **department store**
   (C) At a **supermarket**
   (D) At a **factory**

   選択肢は縦に目を通す
   (駐車場、デパート、スーパー、工場)

2. When does the man say he will meet Gail? (男性はいつGailに会うか⇒詳細問題⇒ヒント1カ所)

   (A) In **5 minutes**
   (B) In **10 minutes**
   (C) In **15 minutes**
   (D) In **20 minutes**

   選択肢は縦に目を通す
   (5分後、10分後、15分後、20分後)

3. What will Gail most likely do next? (Gailの次の行動⇒詳細問題⇒ヒント1カ所)

   (A) Call a **colleague**
   (B) Present a **gift**
   (C) Watch a **video**
   (D) Answer a **survey**

   名詞に注目して素早く意味を取ろう
   (同僚に電話する、贈り物をする、ビデオを見る、調査に答える)

🔊 **16_1** 解き終わったら会話の内容を確認してみましょう。

Question 1 through 3 refer to the following conversation.

W1: Good afternoon. Would you mind taking a few moments to complete a customer satisfaction survey?
(こんにちは。顧客満足度調査の記入に少しお時間をいただけますか)

M: Will it take a long time? We have a lot of shopping to do.
(それは時間がかかりますか。たくさんの買い物をしなくてはいけないんです)

W2: Tony, I'll stay here in the toy department and answer the survey while I wait for them to wrap the presents. You can go to the menswear department and buy some new shirts.
(Tony、私はここのおもちゃ売り場にいてプレゼントを包装してもらう間にその調査に答えるわ。あなたは男性用衣料品売り場に行って新しいシャツを買ってちょうだい)

M: OK. I'll meet up with you in about 20 minutes, then. Which way is menswear?
(OK。じゃあ、大体20分後に会おう。男性用衣料品はどっちですか)

W1: Just below us on the second floor. You can take the elevator over there.
(ちょうどこの下の2階です。あそこのエレベーターを使うことができます)

M: Thanks. Gail, I'll be waiting for you in the kitchen section.
(ありがとう。Gail、台所用品売り場で待っているよ)

W2: OK, Tony. Now, do I need to write my answers to the questions?
(OK、Tony。じゃあ、質問の答えを書けばいいかしら)

### 解き方

**設問1.**「この会話が行われているのはどこだと考えられますか」という設問。概要問題なので複数カ所にヒントがあります。shopping（買い物）、the toy department（おもちゃ売り場）、the menswear department（男性衣料品売り場）、the kitchen section（台所用品売り場）などの複数のキーワードから、いくつもの売り場があるデパートだと分かりますので、正解は(B)。

**設問2.**「男性はいつGailに会うと言っていますか」という設問。詳細問題なのでヒントは一度しか述べられません。男性のセリフの中にヒントがあります。設問に出てくるmeet（会う）という単語がキーです。男性のセリフのmeetの後を聞き取りましょう。in about 20 minutes（約20分後）と述べられているので、正解は(D)。

**設問3.**「Gailは次に何をすると考えられますか」という設問。次の行動は最後の方に一度だけ述べられます。今までの会話から、Gail (W2) はTonyのパートナーだと分かります。Now（じゃあ）の後は次の行動を述べる場合が多いので、注意して聞き取ります。質問の答えを書けばいいか、と聞いているので、questionsをsurveyに言い換えた(D)が正解。

Let's try

## Words & Phrases

例題・問題に出てくる単語・表現をリピートして覚えましょう。

magazine 名 雑誌　　modern 形 現代の　　architecture 名 建築　　subscription 名 定期購読
patron 名 利用者　　borrow 動 〜を借りる　　shelf 名 棚　　catalog 名 目録　　salesperson 名 販売員
librarian 名 図書館員　　accountant 名 会計士　　assistance 名 手伝うこと　　misplace 動 〜を置き間違える
publication 名 出版物　　farewell 名 別れ　　provide 動 〜を提供する　　accommodation 名 宿泊
booking 名 予約　　athlete 名 運動選手

**ナビクイズ例題**　◀)) 16_3

【解こう】　正しい選択肢を選ぼう。

1. Who most likely is the woman?

   (A) A programmer

   (B) A salesperson

   (C) A librarian

   (D) An accountant

3. What information does the woman request?

   (A) The price of a subscription

   (B) The name of a publication

   (C) The address of a client

   (D) The deadline for a project

2. Why does the man say, "I've already looked on the shelf"?

   (A) He is ready to leave.

   (B) The shelf will be removed.

   (C) He needs the woman's assistance.

   (D) A manual has been misplaced.

【聞こう】　（　　）に単語を書き込もう。

Question 1 through 3 refer to the following conversation.

M: Excuse me. ❶ I'm looking for a (　　　　　　) on modern architecture. It's last
month's issue, so you might not have it anymore.

W: ❷ We usually keep magazines for around three months, so if we have a (　　　　　　),
it should still be here. ❸ (　　　　　) aren't allowed to (　　　　　)
magazines —— they have to look at them in the (　　　　　) section.

M: I see. ❹ I've already looked on the shelf.

W: I'll check the catalog for you. ❺ What is the magazine (　　　　　)?

【ナビクイズ】　（　　）内の適切なものに○をつけて解き方を完成させよう。

1. 「女性は誰だと思われますか」という設問。概要問題なのでヒントは (1 カ所・複数カ所) にある。❶ 冒頭で
男性が近代建築の (雑誌・本) を探していると述べている。女性は、❷ 普通は大体 3 カ月保管するから、もし (定
期購読・定期入荷) していればここにあるはずだと述べている。❸ (納入業者・利用者) は雑誌を (買う・借
りる) ことはできないので (閲覧室・店内) で見なければいけないと述べている。これらの複数のキーワード
から女性が働いているのは (本屋・図書館) だと分かるので、女性の職業は ((A)・(B)・(C)・(D))。

2. 「男性はなぜ "I've already looked on the shelf"と言っていますか」という設問。これは意図問題だ。

　　❸ 女性は、雑誌は (貸し出していない・廃棄していない)、と述べている。つまり棚にあるはずだという意味だが、❹男性は、"I've already looked on the shelf"と述べている。(もう棚は見た・棚が見つからない) という意味だ。つまりこの発言の意図は、自分では見つけられなかったので、(彼女に調べてほしい・自分は帰ろうとしている) ということだ。正解はそれを言い換えた ((A)・(B)・(C)・(D))。

3. 「女性はどのような情報を求めていますか」という設問。❺ 女性は雑誌の (名前・値段) を尋ねているので、magazine (雑誌) を publication (出版物) に言い換えた ((A)・(B)・(C)・(D)) が正解。

---

### ナビクイズ例題解答

【解こう】

1. Who most likely is the woman? (女性は誰だと思われますか)
   (A) A programmer (プログラマー) ×述べられていない
   (B) A salesperson (販売員) ×場所が本屋ではなく図書館なので販売員ではない
   (C) A librarian (図書館員) ○❶❷❸ patron (利用者) のために情報を提供している
   (D) An accountant (会計士) ×述べられていない

2. Why does the man say, "I've already looked on the shelf"?
   (男性はなぜ "I've already looked on the shelf"と言っていますか)
   (A) He is ready to leave. (彼は帰ろうとしている) ×述べられていない
   (B) The shelf will be removed. (棚は取り去られるだろう) ×述べられていない
   (C) He needs the woman's assistance. (彼は女性の助けが必要である) ○❹棚に雑誌がないので調べてほしい
   (D) A manual has been misplaced. (説明書が違う場所に置かれている) ×述べられていない

3. What information does the woman request? (女性はどのような情報を求めていますか)
   (A) The price of a subscription (定期購読の価格) ×述べられていない
   (B) The name of a publication (出版物の名前) ○❺何という名前の雑誌ですか、と尋ねている
   (C) The address of a client (顧客の住所) ×述べられていない
   (D) The deadline for a project (プロジェクトの締め切り) ×述べられていない

【聞こう】

M: Excuse me. ❶ I'm looking for a ( magazine ) on modern architecture. It's last month's issue, so you might not have it anymore.

W: ❷ We usually keep magazines for around three months, so if we have a ( subscription ), it should still be here. ❸ ( Patrons ) aren't allowed to ( borrow ) magazines — they have to look at them in the ( reading ) section.

M: I see. ❹ I've already looked on the shelf.

W: I'll check the catalog for you. ❺ What is the magazine ( called )?

> **訳** M: すみません。現代建築の雑誌を探しています。先月号なのでもうないかもしれませんが。
>
> W: 普通、雑誌は大体３カ月間保存しますので、もし定期購読していればまだここにあるはずです。利用者は雑誌を借りることはできません。雑誌は閲覧室で見なければいけません。
>
> M: そうですか。もう棚は見たんです。
>
> W: 目録を調べてみます。何という名前の雑誌ですか。

【ナビクイズ】

1. 「女性は誰だと思われますか」という設問。概要問題なのでヒントは(1カ所・複数カ所)にある。❶冒頭で男性が近代建築の(雑誌・本)を探していると述べている。女性は、❷普通は大体3カ月保管するから、もし(定期購読・定期入荷)していればここにあるはずだと述べている。❸(納入業者・利用者)は雑誌を(買う・借りる)ことはできないので(閲覧室・店内)で見なければいけないと述べている。これらの複数のキーワードから女性が働いているのは(本屋・図書館)だと分かるので、女性の職業は((A)・(B)・(C)・(D))。

   **STEP UP** patron は利用者、愛用者、常連客という意味。library patron で図書館の利用者を意味する。TOEIC 頻出単語。

2. 「男性はなぜ "I've already looked on the shelf" と言っていますか」という設問。これは意図問題だ。
   ❸女性は、雑誌は(貸し出していない・廃棄していない)、と述べている。つまり棚にあるはずだという意味だが、❹男性は、"I've already looked on the shelf" と述べている。(もう棚は見た・棚が見つからない)という意味だ。つまりこの発言の意図は、自分では見つけられなかったので、(彼女に調べてほしい・自分は帰ろうとしている)ということだ。正解はそれを言い換えた((A)・(B)・(C)・(D))。

3. 「女性はどのような情報を求めていますか」という設問。❺女性は雑誌の(名前・値段)を尋ねているので、magazine(雑誌)を publication(出版物)に言い換えた((A)・(B)・(C)・(D))が正解。

【解こう】

1. What are the speakers mainly discussing?

    (A) A farewell party

    (B) A dinner menu

    (C) An advertising campaign

    (D) A new employee

2. What will happen tomorrow night?

    (A) A team of athletes will visit the hotel.

    (B) A new product will go on sale.

    (C) A television advertisement will be broadcast.

    (D) An award will be presented.

3. What will the woman probably do next?

    (A) Prepare a speech

    (B) Order some ingredients

    (C) Purchase some tickets

    (D) Call a restaurant

Question 1 through 3 refer to the following conversation.

W: ❶ Mr. Coleman's (　　　　　　　　　) party is tomorrow evening. ❷ I've (　　　　　　　　　)

　　a table at Spargo's. ❸ I told them we'd be bringing 22 people.

M: ❹ There will only be about 16 of us. A few people had to cancel.

W: Oh. ❺ They must be needed here at the (　　　　　　　　　) because we're

　　(　　　　　　　　　) accommodation for that (　　　　　　　) team.

M: Right. ❻ You'd (　　　　　　　) (　　　　　　　　　) that dinner booking as soon as

　　possible.

【ナビクイズ】

1. 「話し手たちは主に何について話していますか」という設問。概要問題なのでヒントは複数カ所で述べられる。
　 ❶冒頭で女性がColemanさんの (送別会・歓迎会) は明日の夕方だと言っている。❷Spargo'sでテーブル
　 を (予約した・キャンセルした) と述べている。話題になっているのは ((A)・(B)・(C)・(D)) だ。

2. 「明日の夜には何が起こりますか」という設問。詳細問題なのでヒントは (1カ所・複数カ所) で述べられる。
　 先読みの際に選択肢が長くて意味を把握しにくい場合は、冒頭の名詞だけでも縦にさっと目を通しておくと
　 解きやすくなる。❸ 女性はレストランに22人の予約をしたが、❹ 男性によると約16人になったと述べてい
　 る。なぜならば、❺(歌唱団・フットボールチーム) に宿を (提供する・勧める) ので、彼らはこの (会社・ホテ
　 ル) にいなくてはいけないからだ。彼らは (会社・ホテル) に勤務していると分かる。つまり正解は❺ を言い
　 換えた ((A)・(B)・(C)・(D)) だ。

3. 「女性はおそらく次に何をしますか」という設問。会話の最後の方に答えがある。❻ 男性が女性に、You'd
　 better ~ 「~した方がよい」と述べている。これは提案のサインだ。男性はできるだけ早く予約を (入れる・変
　 える) 方がいいと述べている。女性がその提案を受けて次にする行動は、(レストランに電話をする・チケット
　 を購入する) ことなので、正解は ((A)・(B)・(C)・(D)) だと分かる。この設問は、男性の女性に対する提案の
　 中に女性の次の行動のヒントがあるパターンだ。

▶▶ 解答・解説は146~147ページ

16
総合問題

# Part 4 ってどんなパート？

Part 4の説明文問題は30問。全部で10の説明文が流されます。1人の話者が話す音声を聞き取って、設問に対する最も適切な選択肢を選んで解答用紙にマークします。1つの説明文につき設問は3問、選択肢は(A)〜(D)の4つです。設問と選択肢は印刷されていますので、説明文が流れる前に設問と選択肢を先読みして、何が問われるのかを把握してから音声を聞くことがコツです。問題番号はNo.71〜100です。600点を目指すなら、18問（6割）以上の正解を目指しましょう。1つの説明文に対して2問ずつ正解できれば十分6割以上を達成できます。

| 問題冊子 | 音声 | 解き方 |
|---|---|---|
| 10ページ目<br>**PART 4 指示文**<br><br>71. What is being advertised?<br>　(A) A bakery<br>　(B) A gym<br>　(C) A train service<br>　(D) A convenience store<br><br>72. What is unique about Carter's?<br>　(A) It offers internships.<br>　(B) It advertises on television.<br>　(C) It publishes a newsletter.<br>　(D) It is open 24 hours.<br><br>73. What should listeners do to receive a discount?<br>　(A) View a Web site<br>　(B) Apply for membership<br>　(C) Enter a contest<br>　(D) Attend a grand opening | ♪<br>Directions<br><br>**Part 4**の解き方が英語で説明される<br><br>♪<br>You will hear ----------<br>--------------------------<br>--------------------------<br>--------------------------<br>--------------------------<br>--------------------------<br>----------------- spoken only one time.<br><br>（ここまで約30秒）<br>♪<br>Questions 71 through 73 refer to the following advertisement.<br><br><br>説明文<br>Summer is nearly upon us, ----------------------<br>--------------------------<br>--------------------------<br>-------------------- | 毎回同じ解き方の説明なので、聞かなくても大丈夫。<br><br>Directionsが流れている約30秒の時間を使って、1つ目の説明文の設問（71-73）と選択肢を先読みしよう。<br><br>（先読み手順）<br>・まず設問3つに目を通して、何が問われるのかを把握しよう。<br>・設問3つの意味がつかめたら、選択肢にも目を通そう。<br>・設問を読むだけで時間がなくなった場合は、選択肢は読まなくても大丈夫。聞くことに集中しよう。<br><br>←このセリフが聞こえたら説明文が始まるよ。(followingの後ろの部分は説明文のタイプごとに異なる。ここでタイプを把握しておくと流れがつかみやすくなる。)<br><br>・説明文のタイプに注意して、流れを予測しながら聞こう。<br>・聞きながら該当する選択肢のマーク欄にチェック✓を入れていこう。<br>・マークシートを塗りつぶしていると説明文を聞き逃す可能性があるので、チェックを入れるだけでOK（p.56参照）。聞くことに集中し、説明文を聞き終えてから、チェックを入れた選択肢を塗りつぶそう。 |

| 問題冊子 | 音声 | 解き方 |
|---|---|---|
| | ♪<br>71-73設問の読み上げ＋8秒の間 | ・71〜73のチェックした選択肢を塗りつぶしたら、すぐ次の設問74〜76の先読みに移ろう。<br>・先読み手順を繰り返す。 |
| 74. Who are the listeners?<br>    (A) Amusement park -------<br>    (B) Bus drivers<br>    (C) Travel agents<br>    (D) College employees | ♪<br>Questions 74 through 76 refer to the following announcement. | ←このセリフが聞こえたら説明文が始まるよ。 |
| 75. What time does the cafeteria open?<br>    (A) At 10:30 A.M.<br>    (B) At 11:00 A.M.<br>    (C) At 11:30 A.M.<br>    (D) At 12:00 noon | Good morning everyone. --------------<br>-------------------------<br>-------------------------<br>------------------------- | ・時間がなくて先読みしている間に音声が聞こえてきてしまったら、先読みを止めて聞くことに集中しよう。<br>・リズムを崩したら、3問目だけ先読みして説明文の最後を聞いて答え、リズムを取り戻すのもいい。 |
| 76. How can employees get a discount?<br>    (A) By buying a meal coupon<br>    (B) By wearing their -------<br>    (C) By ordering in advance<br>    (D) By working in the ------- | -------------------------<br>-------------------------<br>------------------------- | ・分からない場合は適当にマークして次を聞く。 |

## 【問題タイプと解答力を上げるコツ】

Part 4では説明文を聞いて、ある程度長いトークの概要とその詳細情報を聞き取る力が試されます。
次の先読みのコツと聞き取りのコツをつかんで解答力を上げましょう。

① Part 4にはさまざまなタイプの説明文が出題される。広告、アナウンス、留守番電話、会議からの抜粋、ツアー案内、ニュース報道、天気予報など。指示文を聞き取ってタイプが分かると話の流れがつかみやすい。
  本書では、出題頻度が高い4つのタイプ、広告 (Unit 17)、お知らせ (Unit 18)、留守番電話 (Unit 19)、会議からの抜粋 (Unit 20) の流れを詳しく解説している。

② ヒントは設問の順番に説明文に現れることが多い。

③ 設問にmost likely、probablyなどが含まれていても、内容には関係ないので省いて読む。

④ 選択肢は縦にさっと目を通す。もし時間がなければ設問を先読みするだけでよい。

⑤ 説明文の内容が選択肢の中で他の表現に言い換えられている場合が多いので、言い換え表現に注意する。

⑥ 答えが聞き取れなかった場合は、他の情報から、消去法で答えを選ぼう。

⑦ 分からなかったものはあきらめて適当にマークして次を聞こう。迷って考えていると次を逃す。

⑧ Part 4では、発言の意図を問う意図問題が2問程度出題される。解き方はPart 3と同じ。
  先読みで、問われるセリフを確認しておこう。

⑨ Part 4では、最後にグラフィック問題が2問程度出題される。解き方はPart 3と同じ。
  先読みのときに図やグラフを見ておこう。先読みの時間的余裕がない場合も多いので、もしできれば、Part 1のDirectionsが流れている間にPart 3とPart 4のグラフィック問題にさっと目を通すとよい。

**Part 4** 説明文問題①
# 広告(Advertisement)

30% OFF

ナビポイント **3カ条**

➤ 冒頭では、広告されている商品やサービスは何かを
まず聞き取ろう。

➤ 中盤では、商品やサービスの特徴は何かを聞き取ろう。

➤ 終盤では、特典を受ける方法や、より詳しい情報が載っ
たウェブサイトへの誘導などが述べられるよ。

Unit 17では、説明文問題（広告）の解き方を学びましょう。広告は、
聞き手に商品、不動産、サービス、イベントなどを宣伝して、買って
もらったり来てもらったりするのが目的です。宣伝のパターンはあ
る程度決まっていますので、流れを押さえて攻略しましょう。

## 広告の流れと聞き取りポイント

| 広告の流れ | 聞き取りポイント | 頻出表現の例 |
|---|---|---|
| ① 聞き手の関心を高めて商品やサービスを紹介 | 冒頭の疑問文を使った問いかけや気を引くためのフレーズは、宣伝したいものと関連しているので、広告の対象を予測できるよ。（この導入部がない場合もあり）⇓商品、サービス、イベントが紹介される。広告されているものは何かを聞き取ろう。 | Do you want to ~? (〜したいですか)Are you looking for ~?(〜を探していますか)Are you interested in ~?(〜に興味がありますか)This is the time to ~. (今が〜する時です)⇓Then ~. (でしたら〜)Come visit ~. (〜にお越しください)Why not ~? (〜はいかがでしょう) |
| ② 特徴を述べる | 商品やサービスの特徴は形容詞を使って表現されることが多い。形容詞を聞き取ろう。 | reliable (信頼できる)competitive (競争力のある)latest (最新の) など |
| ③ 特典を受ける方法の紹介やウェブサイトへの誘導 | お得情報は Please ~ や動詞の原形 get、check、take などを使った命令文で述べられるよ。 | voucher (割引券)coupon (クーポン)　sale (特売)membership (会員)　code (コード)Web site (ウェブサイト) |

広告の流れを、簡潔にした説明文で見ていきましょう。青字は答えの聞き取りポイントの目印となる表現です。

### 🔊 17_1 リゾートホテルの広告

① 聞き手の関心を高めてリゾートホテルを紹介

Do you want to relax in nature during summer vacation?（夏休みに自然の中でリラックスしたいですか）

Then Tahoma Resort is the place for you!（でしたら、Tahoma Resortがあなたにぴったりの場所です！）

② 特徴を述べる

The resort has a beautiful garden and spacious guest rooms.

（このリゾートには美しい庭園と広い客室があります）

③ ウェブサイトへ誘導

Please check out our Web site for further details.（詳しくは私たちのウェブサイトをご覧ください）

### 🔊 17_2 ケーキ屋の広告

① 聞き手の関心を高めてお店を紹介

Looking for some delicious, healthy cakes?（美味しくて体にいいケーキをお探しですか）

Why not try Susan's House of Sweets?（Susan's House of Sweetsを試してはいかがでしょう）

② 特徴を述べる

Our cakes are made from fresh milk and natural ingredients.

（私たちのケーキは新鮮な牛乳と自然の素材で作られています）

③ お得情報の紹介

Present a coupon downloaded from our Web site, and you can get 20% off.

（私たちのウェブサイトからダウンロードしたクーポンを提示すれば20％の割引が得られます）

## 設問形式

広告でよく問われる設問は以下のようなものです。表現を覚えてしまうと設問の先読みが速くできるようになります。設問のヒントを聞き取る場所は、86 ページの表の広告の流れ①②③と対応しています。

### 🔊 17_3

**【何が広告されているか問う設問】** ⇒広告の流れ①から聞き取ろう　ヒントは複数カ所

What is being advertised?（何が宣伝されていますか）

What type of service is being advertised?（どのようなサービスが宣伝されていますか）

What is the advertisement mainly about?（広告は主に何についてですか）

**【広告されているものの特徴について問う設問】** ⇒広告の流れ②から聞き取ろう　ヒントは１カ所

What does the speaker say about the service?（話し手はそのサービスについて何と言っていますか）

What is unique about the business?（この店は何が独特ですか）

**【特典や詳細情報について問う設問】** ⇒広告の流れ③から聞き取ろう　ヒントは１カ所

What can listeners receive?（聞き手は何を受け取ることができますか）

What should listeners do to receive a discount?（聞き手は割引を受けるために何をすべきですか）

How can listeners get a discount?（聞き手はどうしたら割引を受けられますか）

Let's try

## Words & Phrases

次の例題・問題に出てくる単語・表現をリピートして覚えましょう。

get in shape 体を鍛える    fitness 名 フィットネス    quality 名 質    equipment 名 機器
knowledgeable 形 精通している、詳しい    convenient 形 便利な    operating hours 営業時間
claim 名 主張    entitle A to B  AにBを持つ権利を与える    membership 名 会員権
positive review 好意的なレビュー    automotive 形 自動車の    traditional 形 伝統的な
weakness 名 弱点    ill-suited 形 不向きな    fuel 名 燃料    switch 動 切り替える
competitively 副 競争力があるように、他に負けず    dealership 名 特約販売店    celebrity 名 有名人

### ナビクイズ例題  🔊 17_5

【解こう】 正しい選択肢を選ぼう。

1. What is being advertised?

   (A) A bakery

   (B) A gym

   (C) A train service

   (D) A convenience store

2. What is unique about Carter's?

   (A) It offers internships.

   (B) It advertises on television.

   (C) It publishes a newsletter.

   (D) It is open 24 hours.

3. What should listeners do to receive a discount?

   (A) View a Web site

   (B) Apply for membership

   (C) Enter a contest

   (D) Attend a grand opening

【聞こう】 （     ）に単語を書き込もう。

**Questions 1 through 3 refer to the following advertisement.**

❶Summer is nearly upon us, and this is the perfect time to get in (                    ). ❷This Saturday is the grand opening of Carter's first (                 ) center on the Gold Coast. ❸We're famous for the quality of our training equipment, our knowledgeable trainers, and our convenient operating hours. ❹Carter's is open (                 ) (                 ) a day, seven days a week. ❺No (                 ) fitness club on the Gold Coast can make that claim. ❻People (                 ) the event on Saturday will receive a coupon entitling them to 30 percent off their first year's membership. (                 ), come in and see us at 145 Diagon Street, Southport.

【ナビクイズ】 （     ）内の適切なものに〇をつけて解き方を完成させよう。

1. 「何が宣伝されていますか」という設問なので（冒頭・最後）に注目しよう。ヒントは複数カ所にある。まず ❶夏が近づいていて、（体を鍛える・旅行に行く）のに完璧な時だと述べて聞き手の関心をひいている。その後❷（フィットネスセンター・鉄道サービス事業）が開業すると述べている。宣伝されているのは、それを言い換えた（(A)・(B)・(C)・(D)）だと分かる。

2．「Carter'sは何が独特ですか」という質問だ。固有名詞Carter'sを待ち構えて聞こう。特徴は中盤で述べられる❸ トレーニング機器の質、知識の豊富なトレーナー、便利な営業時間の３つの特徴が挙げられている。その後❹ 週７日、１日 (24時間・12時間) 営業していて、❺ 他のフィットネスクラブではそれは無理だと述べている。他にはなくてCarter'sだけにあることがuniqueの答えなので ((A)・(B)・(C)・(D)) が正解だ。

3．「割引を受けるために聞き手は何をすべきですか」という設問だ。最後の部分でヒントが述べられる。❻ 土曜日のイベントに (出席・申し込み) した人は30％引きのクーポンがもらえると述べている。選択肢を見るとeventがないので違う単語に言い換えられていると考える。eventが行われるのは土曜日。冒頭で❷ 土曜日にはCarter'sのグランドオープンがあると述べているので、正解は ((A)・(B)・(C)・(D)) だ。

---

## ナビクイズ例題解答

【解こう】

1. What is being advertised?（何が宣伝されていますか）
   (A) A bakery (パン屋) ×述べられていない
   (B) A gym (ジム) ○ ❷fitness center の言い換え
   (C) A train service (鉄道サービス) ×述べられていない
   (D) A convenience store (コンビニエンスストア) × our convenient operating hours とのヒッカケ

2. What is unique about Carter's?（Carter'sは何が独特ですか）
   (A) It offers internships. (研修を提供している) ×述べられていない
   (B) It advertises on television. (テレビで宣伝している) ×テレビの宣伝とは述べられていない
   (C) It publishes a newsletter. (会報を出版している) ×述べられていない
   (D) It is open 24 hours. (24時間営業している) ○ ❹24 hours a day の部分と一致

3. What should listeners do to receive a discount?（割引を受けるために聞き手は何をすべきですか）
   (A) View a Web site (ウェブサイトを見る) ×述べられていない
   (B) Apply for membership (会員権を申し込む) × 会員権が安くなるクーポンをもらう方法は述べられている
   (C) Enter a contest (競技会に参加する) ×述べられていない
   (D) Attend a grand opening ○ ❻the event on Saturday = ❷the grand opening

【聞こう】　　　　　　　　　　　　説明文の種類⇒ここを聞き取る

**Questions 1 through 3 refer to the following advertisement.**
広告
冒頭で聞き手の関心をキャッチ　　　　　　　　　　　　　　　　宣伝したいことの紹介⇒設問1
❶Summer is nearly upon us, and this is the perfect time to get in ( shape ). ❷This Saturday is the
夏が近づいている　　　　　　今が最適な時　　体を鍛えるのに　　今週土曜日
　　　　　　　　　　　　　　　　　　　　　　　特徴を述べる
grand opening of Carter's first ( fitness ) center on the Gold Coast. ❸We're famous for the quality of
グランドオープン　Carter'sの最初のフィットネスセンター　　　　私たちは○○のことで有名
　特徴1　　　　　特徴2　　　　　　　特徴3
our training equipment, our knowledgeable trainers, and our convenient operating hours.
トレーニング機器の質　　　知識の豊富なトレーナー　　　便利な営業時間
　特徴3：営業時間の詳細　　　　　　　Carter's tness clubだけの特徴⇒unique⇒設問2
❹Carter's is open ( 24 ) ( hours ) a day, seven days a week. ❺No ( other ) fitness club on the Gold Coast
　　　　　　　1日24時間　　　　　週7日　　　他のフィットネスクラブは〜できない
can make that claim.

>> 解答・解説は147〜149ページ

17
広告

お得情報⇒設問3　　　　　　　　❷This Saturday is the grand opening 〜と一致

❻People ( attending ) the event on Saturday will receive a coupon entitling them to 30 percent off their
　　　　　土曜日のイベント =grand opening　　　　　　　　　　　資格を与える 出席した人に

first year's membership. ( So ), come in and see us at 145 Diagon Street, Southport.
　初年度の会員権　　　　　　　　　　　フィットネスセンターの住所

> **訳** 夏はもうすぐそこですし、今が体を鍛える完璧な時です。この土曜日にGold CoastにおけるCarter'sの最初のフィット
> ネスセンターが新規開店します。私たちは、トレーニングの機器の質、知識の豊富なトレーナー、そして便利な営業時間で
> 有名です。Carter'sは1日24時間、週7日営業しています。Gold Coastの他のフィットネスクラブではこのようなこと
> は言えません。土曜日のイベントに出席する人々は、最初の年の会員権が30％割安になるクーポンを受け取ることができ
> ます。ですから、どうぞSouthportのDiagon Street 145番地にお越しください。

【ナビクイズ】

1. 「何が宣伝されていますか」という設問なので (冒頭・最後) に注目しよう。ヒントは複数カ所にある。まず、❶夏が近づいていて、
   (体を鍛える・旅行に行く) のに完璧な時だと述べて聞き手の関心をひいている。その後 ❷(フィットネスセンター・鉄道サービ
   ス事業) が開業すると述べている。宣伝されているのは、それを言い換えた ((A)・(B)・(C)・(D)) だと分かる。

2. 「Carter'sは何が独特ですか」という質問だ。固有名詞Carter'sを待ち構えて聞こう。特徴は中盤で述べられる。❸トレーニング
   機器の質、知識の豊富なトレーナー、便利な営業時間の3つの特徴が挙げられている。その後 ❹週7日、1日　(24時間・12時間)
   営業していて、❺他のフィットネスクラブではそれは無理だと述べている。他にはなくてCarter'sだけにあることがuniqueの
   答えなので ((A)・(B)・(C)・(D)) が正解だ。

3. 「割引を受けるためには聞き手は何をすべきですか」という設問だ。最後の部分でヒントが述べられる。❻土曜日のイベントに
   (出席・申し込み) した人は30％引きのクーポンがもらえると述べている。選択肢を見るとeventがないので違う単語に言い換
   えられていると考える。eventが行われるのは土曜日だ。冒頭で❷土曜日にはCarter'sのグランドオープンがあると述べてい
   るので、正解は ((A)・(B)・(C)・(D)) だ。

【解こう】

1. What is being advertised?

   (A) An automobile

   (B) A computer

   (C) A video game

   (D) A clothing store

2. What does the speaker say about
   the VFC?

   (A) It has won an award.

   (B) It will be launched very soon.

   (C) It is relatively inexpensive.

   (D) It is likely to sell out.

3. What can listeners receive?

   (A) A discount on a piece of clothing

   (B) A ticket to a sporting event

   (C) An invitation to a launch party

   (D) A chance to meet a celebrity

**Questions 1 through 3 refer to the following advertisement.**

❶ Are you looking for an exciting (　　　　　) (　　　　　) that you can drive every day? ❷ The VFC is Hardy Motors' newest (　　　　　) (　　　　　) and it's getting positive reviews from (　　　　　) writers around the world. A traditional weakness of sports cars is that they are ill-suited to daily driving because of their poor fuel economy. ❸ The VFC allows drivers to switch between sports mode and a daily driving mode, which uses around 30 percent less fuel. This makes it the perfect car for weekdays and weekends. ❹ The car itself is priced very (　　　　　). It is only $37,000. ❺ This is $6,000 (　　　　　) than its main rival, the Scorpion. Visit your nearest Hardy Motors' dealership today, and take a test drive. ❻ (　　　　　) hearing this advertisement and (　　　　　) a free (　　　　　) to attend this year's Mt. Harrison 500 touring (　　　　　) (　　　　　) on June 3.

【ナビクイズ】

1．「何が宣伝されていますか」という設問なので、冒頭に注意しよう。ヒントは (複数カ所・1カ所) にある。まず❶ あなたはわくわくするような (コンピューター・スポーツカー) を探していますかという問いかけがある。そして❷ VFCは Hardy Motors 社の最新の (コンピューター・スポーツカー) で、それは世界中の (コンピューター・自動車) 関連の記者から好意的な評価を得ていると述べている。正解はこれらを言い換えた ((A)・(B)・(C)・(D)) だ。

2．「話し手はVFCに関して何を言っていますか」という設問。商品の特徴を聞き取ろう。❸ VFCはスポーツモードと日常モードを切り替えられて、❹ とても (競争力があるように・高く) 値付けされていると述べられている。❺ 主なライバルのScorpionより6,000ドル (安い・高い) と述べている。正解はそれを言い換えた ((A)・(B)・(C)・(D)) だ。

3．「聞き手は何を受け取ることができますか」という設問だ。お得情報に関する詳細問題なので、(1カ所・複数カ所) で述べられる。❻ この広告を聞いたと言うと無料の (ランチパーティー招待券・ツーリングカーレースチケット) がもらえると述べている。正解はそれを言い換えた ((A)・(B)・(C)・(D)) だ。

17
広告

≫ 解答・解説は147〜149ページ

# 18 Part 4 説明文問題②
## お知らせ(Announcement)

ナビポイント **3カ条**

> 冒頭では、何についてのお知らせかをまず聞き取ろう。

> 中盤では、詳細情報が一度だけ言われるよ。先読みした設問を頭に入れて待ち構えて聞こう。

> 最後には、聞き手が求められていることや次の行動が述べられることが多いよ。

Unit 18では、説明文問題（お知らせ）の解き方を学びましょう。お知らせは、聞き手に何かの情報を伝えるのが目的です。伝えたい内容と詳細を聞き取っていきましょう。

## お知らせの流れと聞き取りポイント

全体の流れのパターンはさまざまですが、典型的なパターンは下記の表のようになります。これは、news report (ニュース報道)、broadcast (放送) など、人にお知らせをする説明文にも応用できます。

| お知らせの流れ | 聞き取りポイント | 頻出表現の例 |
|---|---|---|
| ① 聞き手の注意を引いて、お知らせの主要事項を述べる | 冒頭で、お知らせの概要をつかもう。(聞き手の注意を引く導入部とお知らせが一緒になっている場合や、導入部がなく、いきなりお知らせの内容が述べられる場合がある)<br>⇓<br>ここでつかめなくても詳細情報の部分でも述べられるよ。 | Can I have your attention, please?<br>(注目してもらえますか)<br>I'm pleased to inform you about ~.<br>(~について皆さんにお知らせできてうれしく思います)<br>⇓<br>We will begin ~. (~を始めます)<br>We're now offering ~.<br>(~をご提供することになりました) |
| ② お知らせの詳細 | 時期、日付、期限、場所、理由などの詳細情報が述べられるので、先読みした設問の内容を待って聞こう。 | next quarter (次の四半期に)<br>by Friday (金曜日までに)<br>at the cafeteria (食堂で) |
| ③ 聞き手にやってほしいことや、これから行われること | 聞き手に依頼したいことや次に取るべき行動は、Please ~ などの命令文や、You should ~、It is necessary for you to ~ などの後に述べられる。これらの表現は目印になるよ。 | Please make sure that ~.<br>(確実に~してください)<br>You should ~. (~しなければいけません)<br>It is necessary for you to ~.<br>(あなた方は~をする必要がある) |

お知らせの流れを、簡潔にした説明文で見ていきましょう。青字の表現の後はヒントになることが多いので目印として注意して聞きましょう。

### 🔊 18_1 会社の新しい方針についてのお知らせ

① 聞き手の注目を集めてお知らせを述べる

I'm pleased to inform you about a new company policy.
（新しい会社の方針について皆さんにお知らせできうれしく思います）

Employees can take additional paid vacations if their productivity is high.
（従業員は生産性が高ければ追加の有休をとることができます）

② 詳細情報

The head of each department will assess each employee's performance by the end of the month, and the results will be discussed in a one-on-one interview.
（それぞれの部署の長は月末までに従業員の業績を評価し、結果は一対一の面談で話し合われます）

③ 聞き手が次に取るべき行動

It is necessary for everyone to schedule a meeting with their supervisor to receive this feedback.
（皆さんはこのフィードバックを受けるために上司との面談を予定する必要があります）

### 設問形式

お知らせでよく問われる設問は以下のようなものです。表現を覚えてしまうと設問の先読みが速くできるようになります。青字の部分に注目してさっと意味を理解しましょう。設問のヒントを聞き取る場所は、92ページの表のお知らせの流れの①②③と対応しています。

### 🔊 18_2

【お知らせ全体の概要を問う設問】⇒お知らせの流れ①②から聞き取ろう　ヒントは複数カ所

What is the speaker announcing?（話し手は何をお知らせしていますか）

What is the speaker's announcement mainly about?（話し手のお知らせは、主に何についてですか）

Where is the announcement taking place?（お知らせはどこで行われていますか）

Where is the announcement being made?（お知らせはどこで行われていますか）

Who most likely are the listeners?（聞き手は誰だと考えられますか）

【お知らせの詳細について問う設問】⇒お知らせの流れ②から聞き取ろう　ヒントは1カ所

What new feature does the speaker announce?（話し手はどんな新しい特徴を知らせていますか）

【次の行動や依頼について問う設問】⇒お知らせの流れ③から聞き取ろう　ヒントは1カ所

What are listeners asked to do?（聞き手は何をするよう求められていますか）

What does the speaker ask listeners to do?（話し手は聞き手に何をするよう頼んでいますか）

What should listeners do by Friday?（聞き手は金曜日までに何をすべきですか）

Let's try

**Words & Phrases**　次の例題・問題に出てくる単語・表現をリピートして覚えましょう。

shipment 图 出荷品、発送品　uniform 图 制服　manufacturing 形 製造の　plant 图 工場

safety 图 安全　item 图 品　include 動 〜を含む　garbage can ごみ箱　changing room 更衣室

pick up ~ 〜を受け取る　reception desk 受付　make sure ~ 〜を確かめる　mark 图 印

list 图 名簿　handbook 图 手引書　dispose of ~ 〜を処分する　administration 图 管理

cafeteria 图 カフェテリア　visitor 图 訪問者　identification 图 身分証明書

ナビクイズ例題　🔊 18_4

【解こう】　正しい選択肢を選ぼう。

1. Where is the announcement being made?
   (A) At a garage
   (B) At a manufacturing plant
   (C) At a publishing company
   (D) At a department store

2. What are the listeners asked to do?
   (A) Provide their clothing sizes
   (B) Attend a safety seminar
   (C) Receive a new employee handbook
   (D) Dispose of their old uniforms

3. Where can the listeners find a name list?
   (A) In the break room
   (B) At the administration office
   (C) In the conference room
   (D) At the reception desk

【聞こう】　(　　) に単語を書き込もう。

**Questions 1 through 3 refer to the following announcement.**

❶ I'm pleased to inform you that we have received a shipment of new (　　　　　) for everyone working in the (　　　　　) (　　　　　). ❷ There are safety items including boots, gloves, and (　　　　　). At the end of your shift today, ❸ (　　　　　) (　　　　　) your old uniforms in the (　　　　　) can in the changing rooms. ❹ You can pick up your new uniforms from the (　　　　　) desk as you leave the building. ❺ (　　　　　) (　　　　　) you place a (　　　　　) next to your name on the list provided there.

【ナビクイズ】　(　　) 内の適切なものに○をつけて解き方を完成させよう。

1. 「アナウンスはどこで行われていますか」という設問。全体の概要に関する質問は冒頭に注意して聞こう。
   ❶ (デパート・製造工場) で働く全員のための新しい (社員証・ユニフォーム) を受け取ったと述べている。
   ❷ 荷物の中身にブーツ、グローブ、(ヘルメット・バッジ) などが含まれている。正解は ((A)・(B)・(C)・(D))。

2. 「聞き手は何をするように頼まれていますか」という設問。詳細問題のヒントは1カ所で述べられる。❸ 人に頼むときは (please・unfortunately) と言ってから依頼事項を述べる場合が多いので、その後の内容に注意して聞こう。古いユニフォームを更衣室の (ごみ・保存) 箱の中に (入れて・入れないで) くださいと述べている。正解は ((A)・(B)・(C)・(D))。

3. 「聞き手はどこで名簿を見つけることができますか」という設問。❹ 聞き手は (休憩室・受付) で新しいユニフォームを受け取って、❺ そこにある (名簿に印をつける・名簿を受け取る) ように言われている。there は ❹ で先に述べられた場所を指すので、正解は ((A)・(B)・(C)・(D))。

---

### ナビクイズ例題解答

【解こう】

1. Where is the announcement being made? (アナウンスはどこで行われていますか)

    (A) At a garage (車庫) ×述べられていない

    (B) At a manufacturing plant (製造工場) ○ ❶❷製造工場の従業員に向けて話している

    (C) At a publishing company (出版社) ×述べられていない

    (D) At a department store (デパート) ×述べられていない

2. What are the listeners asked to do? (聞き手は何をするように頼まれていますか)

    (A) Provide their clothing sizes (服のサイズを伝える) ×ユニフォームの話題だが、サイズは関係ない

    (B) Attend a safety seminar (安全セミナーに参加する) × safety items という語句はあるがセミナーではない

    (C) Receive a new employee handbook (新しい従業員手引書を受け取る) ×述べられていない

    (D) Dispose of their old uniforms (古いユニフォームを処分する) ○ ❸ゴミ容器に入れる＝処分する

3. Where can the listeners find a name list? (聞き手はどこで名簿を見つけることができますか)

    (A) In the break room (休憩室) × the changing rooms は登場するが、名簿が置かれている場所ではない

    (B) At the administration office (管理事務所) ×述べられていない

    (C) In the conference room (会議室) ×述べられていない

    (D) At the reception desk (受付) ○ ❺ there = ❹ the reception desk

【聞こう】

説明文の種類⇒ここを聞き取る

**Questions 1 through 3 refer to the following announcement.**

お知らせ

聞き手の注意を引く⇒ that 以下でお知らせの内容を述べている

❶ I'm pleased to inform you that we have received a shipment of new ( uniforms ) for everyone working in the

that 以下のことについて皆さんにお知らせでき、うれしく思います

内容の詳細

( manufacturing ) ( plant ). ❷ There are safety items including boots, gloves, and ( helmets ).

安全のための品→保護具　　ブーツ　グローブ　　ヘルメット

please の後は聞き手にやってほしいことを述べる　依頼事項1：古いユニフォームを捨てる

At the end of your shift today, ❸ ( please ) ( place ) your old uniforms in the ( garbage ) can

今日の勤務時間が終わったとき　　　入れる　　　　　　　ごみ箱

新しいユニフォームを受け取る

in the changing rooms. ❹ You can pick up your new uniforms from the ( reception ) desk as you leave

更衣室　　　　　　　受け取る　　　　　　　　　　　　　受付　　建物を出るときに

依頼事項2：名簿に印をつける　　　　　　　　　　　　設問3のキーワード

the building. ❺ ( Make ) ( sure ) you place a ( mark ) next to your name on the list provided there.

～を確かめる　　　印をつける　あなたの名前の横に　　名簿 そこで提供されている

→そこ→ reception desk

**訳** 製造工場で働く皆さんの新しいユニフォームの発送品が届きましたことを皆さんにお知らせでき、うれしく思います。それらには、ブーツ、グローブ、ヘルメットなどの保護具が入っています。今日のあなたがたの勤務時間が終了するときに、更衣室のごみ箱の中に古いユニフォームを入れてください。新しいユニフォームは、建物を出るときに受付で受け取ることができます。受付にある名簿の自分の名前の横に印をつけることを忘れないでください。

【ナビクイズ】

1. 「アナウンスはどこで行われていますか」という設問。全体の概要に関する質問は冒頭に注意して聞こう。❶（デパート・製造工場）で働く全員のための新しい（社員証・ユニフォーム）を受け取ったと述べている。❷ 荷物の中身にブーツ、グローブ、（ヘルメット・バッジ）などが含まれている。正解は（(A)・(B)・(C)・(D)）。

2. 「聞き手は何をするように頼まれていますか」という設問。詳細問題のヒントは1カ所で述べられる。❸ 人に頼むときは（please・unfortunately）と言ってから依頼事項を述べる場合が多いので、その後の内容に注意して聞こう。古いユニフォームを更衣室の（ごみ・保存）箱の中に（入れて・入れないで）くださいと述べている。正解は（(A)・(B)・(C)・(D)）。

3. 「聞き手はどこで名簿を見つけることができますか」という設問。❹ 聞き手は（休憩室・受付）で新しいユニフォームを受け取って、❺ そこにある（名簿に印をつける・名簿を受け取る）ように言われている。there は ❹ で先に述べられた場所を指すので、正解は（(A)・(B)・(C)・(D)）。

 ナビクイズ問題 1 　🔊 18_5

【解こう】

1. Who are the listeners?
   (A) Amusement park employees
   (B) Bus drivers
   (C) Travel agents
   (D) College employees

2. What time does the cafeteria open?
   (A) At 10:30 A.M.
   (B) At 11:00 A.M.
   (C) At 11:30 A.M.
   (D) At 12:00 NOON

3. How can employees get a discount?
   (A) By buying a meal coupon
   (B) By wearing their employee badge
   (C) By ordering in advance
   (D) By working in the evenings

【聞こう】

**Questions 1 through 3 refer to the following announcement.**

Good morning everyone. ❶ We only have a few minutes before the (　　　　　) opens, so I just want to explain one thing really quickly. ❷ We've built a new cafeteria for the (　　　　　) of Wild World. ❸ It will be open between (　　　　　) A.M. and 1:30 P.M. every day. Please understand that we're allowing tour guides and bus drivers who bring visitors to the park to use the cafeteria, too. ❹ Naturally, park (　　　　　) can get special discounts. ❺ (　　　　　) (　　　　　) cafeteria staff to scan the IC code on your (                    ) (                    ) when you place your (                    ).

【ナビクイズ】

1. 「聞き手は誰ですか」という設問。概要問題なのでヒントは (複数カ所・1カ所) にある。❶ (遊園地・劇場) が開くまで2、3分しかないと述べている。❷ Wild World の (運転手・スタッフ) のために新しいカフェテリアを建てたと述べている。❹ パークの (従業員・旅行業者) は特別割引を得られると述べている。これらのキーワードから正解は ((A)・(B)・(C)・(D))。

2. 「カフェテリアは何時に開きますか」という設問。詳細を問う問題のヒントは (複数カ所・1カ所) で述べられる。❸ それは (午前10時30分・午前11時) から午後1時30分の間営業すると述べている。正解は ((A)・(B)・(C)・(D))。

3. 「従業員はどのように割引を得られますか」という設問。❹ で特別割引に関して述べているので、その後を聞き取ろう。❺ (Please・Excuse me) の次に述べられる。(注文をするとき・食券を買うとき) に (身分証明のバッジ・割引券) の IC コードをスキャンしてもらうように述べている。正解は ((A)・(B)・(C)・(D))。

▶▶ 解答・解説は149〜150ページ

# Part 4　説明文問題③
## 留守番電話(Telephone Message)

Please call us
to make
an appointment.

ナビポイント **3カ条**

➤ 冒頭では、電話をかけた目的は何かを聞き取ろう。

➤ 中盤では、用件の詳細が述べられるよ。設問の先読みで、問われることを把握してから待ち構えて聞こう。

➤ 終盤では、聞き手にしてほしいことが述べられるよ。
Please ~、Could you ~ は依頼の目印だよ。

Unit 19では、説明文問題（留守番電話）の解き方を学びましょう。
留守番電話に吹き込まれたメッセージを聞いて内容を把握する問題は頻出です。誰が誰にどんな目的で電話をしたのか聞き取りましょう。

## 留守番電話の流れと聞き取りポイント

| 留守番電話の流れ | 聞き取りポイント | 頻出表現の例 |
|---|---|---|
| ① 相手へのあいさつ<br>自分が誰であるか述べる<br>電話の用件を述べる | 相手に自分が誰であるか述べる際に、会社名や勤務先を述べることが多い。この部分が用件のヒントになることがあるよ。<br><br>⇓<br><br>電話をした目的や理由は、名乗った後にすぐ述べられるので、ここを聞き取ろう。 | Hi, ○○. This is △△ calling from ~.<br>(○○さん、こんにちは。私は〜の△△です)<br>Hello, ○○, this is △△.<br>(○○さん、こんにちは。△△です)<br><br>⇓<br><br>I'm calling to ~.<br>(〜するために電話しています)<br>Just calling to say ~.<br>(〜を言うためにちょっと電話しています) |
| ② 用件の詳細 | 先読みした設問の内容を聞き取ろう。1回だけ述べられるよ。 | ①の内容によってさまざま |
| ③ 相手への依頼や相手に望む行動、自分の次の行動など | 相手への依頼を述べるときは、Please ~、Let me know ~、Could you ~ などがよく使われるので、これらの表現は目印になるよ。次を聞き取ろう。 | Please call me. (私に電話をください)<br>Let me know ~. (〜を知らせてください)<br>Could you please ~? (〜していただけますか)<br>I'd appreciate it if you could ~.<br>(〜していただけましたら幸いです)<br>After ~, I'll ~. (〜した後、私は〜します) |

留守番電話の流れを、簡潔にした説明文で見ていきましょう。青字は聞き取るべき場所の目印になる部分です。

### 🔊 19_1 歯医者からの留守番電話メッセージ

① 相手の名前、自分の名前、所属、電話の用件

Hi, Mr. Harper. This is Julie from Hoffman Dental.

（Harperさん、こんにちは。Hoffman DentalのJulieです）

I'm calling to let you know that the date of your next dentist's appointment is approaching.

（次の歯医者の予約の日が近づいていることをお知らせするために電話をしています）

② 用件の詳細

Hoffman Dental is now offering the whitening service that you asked us about before.

（Hoffman Dentalは今、あなたが以前に尋ねていたホワイトニングサービスを提供しています）

③ 相手への依頼

Let us know if you'd like to have that carried out too.

（もしそちらのサービスもご希望であればお知らせください）

### 🔊 19_2 レストランからの留守番電話メッセージ

① 相手の名前、自分の名前、所属、電話の用件

Hello, Ms. Redmayne. This is Tim Jones from Riverside Restaurant.

（こんにちは、Redmayneさん。Riverside RestaurantのTim Jonesです）

I am calling to confirm your dinner reservation for June 15.

（6月15日のあなたのディナーのご予約を確認するために電話をしています）

② 用件の詳細

You told me there would be about 30 people in your group. Have you fixed the exact number of attendees and their meal preferences?

（あなたは、出席者は約30人だとおっしゃいました。出席者の正確な人数と注文したい料理はお決まりですか）

③ 相手への依頼

I'd appreciate it if you could call me back with that information by Friday.

（金曜日までにその情報に関して折り返しお電話していただけましたら幸いに存じます）

### 設問形式

留守番電話でよく問われる設問は以下のようなものです。

### 🔊 19_3

【留守番電話の概要を問う設問】⇒留守番電話の流れ①から聞き取ろう　ヒントは複数カ所

What is the message mainly about?（メッセージは主に何についてですか）

Why is the speaker calling?（話し手はなぜ電話をかけていますか）

【相手への依頼や次の行動を問う設問】⇒留守番電話の流れ③から聞き取ろう　ヒントは１カ所

What does the speaker ask the listener to do?（話し手は聞き手に何をするよう頼んでいますか）

What does the speaker say he will do tomorrow?（話し手は明日何をすると言っていますか）

Let's try

## Words & Phrases ◀)) 19_4

次の例題・問題に出てくる単語・表現をリピートして覚えましょう。

confirm 動 ～を確認する　　book 動 （人のために）～を予約する　　renovate 動 ～を改装する
distance 名 距離　　corporate 形 会社の　　contract 名 契約　　section 名 部門　　morale 名 やる気
reasonably 副 手頃に　　refurbish 動 ～を改装する　　discuss 動 ～を話し合う　　vehicle 名 乗り物
compact 形 小型の　　therefore 副 それゆえに　　midsized 形 中型の　　additional 形 追加の　　cost 名 費用
solution 名 解決策　　unacceptable 形 容認できない　　institute 名 （研究）機関　　deadline 名 締め切り
proposal 名 提案　　colleague 名 同僚

### ナビクイズ例題　　◀)) 19_5

【解こう】　正しい選択肢を選ぼう。

1. What is the message mainly about?

   (A) A corporate contract

   (B) Trip reservations

   (C) A section meeting

   (D) Employee morale

2. What is mentioned about the Royal
   Benjamin Hotel?

   (A) It is near the airport.

   (B) It is reasonably priced.

   (C) It has a free shuttle bus.

   (D) It has been refurbished.

3. What does the speaker ask the listener to
   do?

   (A) Send some documentation

   (B) Order some building materials

   (C) Reserve a conference room

   (D) Return a call

【聞こう】　（　　　）に単語を書き込もう。

**Questions 1 through 3 refer to the following telephone message.**

❶ Hi, Mr. Lee. ❷ This is Leslie Getz from Freeway (　　　　　　　). ❸ I'm (　　　　　　　)
to confirm your (　　　　　　) (　　　　　　　) for May 20 and 25. I've booked you a
seat on Flight 342 flying from Seattle to New York at 7:10 on Friday evening. Your return flight
will depart from New York JFK Airport at 4:50. ❹ You'll be staying at the recently
(　　　　　　　) Royal Benjamin Hotel. The hotel is within walking distance of Kline
Corporation's headquarters. At the moment, you don't have any dinner reservations. Breakfast
is included in your hotel stay. (　　　　　　　), it is necessary to let them know what time
you plan to eat. ❺ I'd (　　　　　　) it if you could (　　　　　　　) me
(　　　　　　　) with that information.

【ナビクイズ】（　　）内の適切なものに○をつけて解き方を完成させよう。

1. 「このメッセージは主に何についてですか」という設問なのでメッセージの（冒頭・最後）に注目しよう。ヒントは複数カ所にある。❶ Leeさんに宛てて ❷ Leslie Getzさんが電話をしている。Getzさんはfrom Freeway（Delivery・Travel）と述べているので、（運送会社・旅行会社）の人だ。❸ 彼女は5月20日と25日の（運送手配・旅行手配）の確認のために電話をしている。I'm calling to ~ の後を聞き取ろう。正解はその部分を言い換えた（(A)・(B)・(C)・(D)）だと分かる。

2. 「Royal Benjamin Hotelについて何が述べられていますか」という設問。詳細情報を問う問題なので（1カ所・複数カ所）で述べられる。❹ あなたは最近（建築された・改装された）Royal Benjamin Hotelに滞在の予定だと述べている。これを言い換えた（(A)・(B)・(C)・(D)）が正解。

3. 「話し手は聞き手に何をするよう頼んでいますか」という設問だ。ヒントは1カ所で述べられる。聞き手への依頼は（冒頭・最後）の部分にヒントがある。❺ I'd appreciate it if ~ は〜していただけましたら幸いです、という丁寧な依頼の表現だ。女性は（折り返し電話をしてほしい・ホテルに電話してほしい）と述べている。それを言い換えた（(A)・(B)・(C)・(D)）が正解。

---

### ナビクイズ例題解答

【解こう】

1. What is the message mainly about?（このメッセージは主に何についてですか）
   (A) A corporate contract（会社の契約）× 述べられていない
   (B) Trip reservations（旅行の予約）○ ❸ travel arrangements の言い換え
   (C) A section meeting（部門会議）× 述べられていない
   (D) Employee morale（従業員のやる気）× 述べられていない

2. What is mentioned about the Royal Benjamin Hotel?（Royal Benjamin Hotelについて何が述べられていますか）
   (A) It is near the airport.（空港に近い）× Kline Corporationの本社に近いが空港ではない
   (B) It is reasonably priced.（手頃な値段だ）× 述べられていない
   (C) It has a free shuttle bus.（無料のシャトルバスがある）× 述べられていない
   (D) It has been refurbished.（改装されている）○ ❹ renovated = refurbished

3. What does the speaker ask the listener to do?（話し手は聞き手に何をするよう頼んでいますか）
   (A) Send some documentation（書類を送る）× 述べられていない
   (B) Order some building materials（建物の資材を注文する）× 述べられていない
   (C) Reserve a conference room（会議室を予約する）× 述べられていない
   (D) Return a call（折り返し電話する）○ ❺ I'd appreciate it if you could call me back ~の言い換え

【聞こう】
説明文の種類⇒ここを聞き取る
**Questions 1 through 3 refer to the following telephone message.**
留守番電話のメッセージ
相手に挨拶　　話し手が自分の名前と勤務先を述べる　　　電話の用件(I'm calling to ~は定番表現)
❶ Hi, Mr. Lee. ❷ This is Leslie Getz from Freeway ( Travel ). ❸ I'm ( calling ) to confirm your
こんにちは、Leeさん　こちらはFreeway TravelのLeslie Getzです。電話しています　確認するために
用件の詳細　　詳細情報1：行きのフライト
( travel )( arrangements ) for May 20 and 25. I've booked you a seat on Flight 342 flying from Seattle
旅行手配　　　　　　　　　　　　　　　　　　　予約した

101

詳細情報2：帰りのフライト

to New York at 7:10 on Friday evening. Your return flight will depart from New York JFK Airport at
　　　　　　　　　　　　　　　　　　帰りの便　　　　　出発する

詳細情報3：宿泊先のホテル情報　　　　　　　　　　　　　　　　　　　　　ホテルの場所

4:50. ❹You'll be staying at the recently ( renovated ) Royal Benjamin Hotel. The hotel is within
　　　　　　　　　　　最近　改装された　　　　　　　　　　　　　　　　～以内で

夕食の予約なし

walking distance of Kline Corporation's headquarters. At the moment, you don't have any dinner
　歩ける距離　　　　　　　　　　　　本社　　　今のところ　　　　　　　　　　　夕食

朝食あり　　　　　　　　　　　　　　　　　　　　　　　食べる時間を伝える必要あり

reservations. Breakfast is included in your hotel stay. ( However ), it is necessary to let them know what
　予約　　　朝食　含まれている　　　　　　　しかしながら　　　　　　　彼らに知らせる

聞き手への依頼事項

time you plan to eat. ❺I'd ( appreciate ) it if you could ( call ) me ( back ) with that information.
何時に食べる予定か　　　感謝する　　もし折り返し私に電話してくれれば　その情報

> **訳** こんにちは、Leeさん。Freeway TravelのLeslie Getzです。5月20日と25日の旅行手配の確認のためにお電話をしています。金曜日の夕方7時10分にSeattleからNew Yorkに飛ぶフライト342便の席を予約しました。帰りの便はNew YorkのJFK空港を4時50分に発ちます。最近改装されたRoyal Benjamin Hotelに滞在の予定です。そのホテルはKline Corporationの本社から歩いて行ける距離にあります。今のところ夕食の予約はありません。朝食は滞在に含まれています。しかしながら、何時に食事をとる予定かを彼らに知らせる必要があります。その情報について私に折り返し電話をいただけましたら幸いに存じます。

【ナビクイズ】

1. 「このメッセージは主に何についてですか」という設問なのでメッセージの(冒頭・最後)に注目しよう。ヒントは複数カ所にある。❶Leeさんに宛てて❷Leslie Getzさんが電話をしている。Getzさんはfrom Freeway (Delivery・Travel)と述べているので、(運送会社・旅行会社)の人だ。❸彼女は5月20日と25日の(運送手配・旅行手配)の確認のために電話をしている。I'm calling to ~の後を聞き取ろう。正解はその部分を言い換えた((A)・(B)・(C)・(D))だと分かる。

2. 「Royal Benjamin Hotelについて何が述べられていますか」という設問。詳細情報を問う問題なので(1カ所・複数カ所)で述べられる。❹あなたは最近(建築された・改装された) Royal Benjamin Hotelに滞在の予定だと述べている。これを言い換えた((A)・(B)・(C)・(D))が正解。

3. 「話し手は聞き手に何をするよう頼んでいますか」という設問だ。ヒントは1カ所で述べられる。聞き手への依頼は(冒頭・最後)の部分にヒントがある。❺I'd appreciate it if ~は、～していただけましたら幸いです、という丁寧な依頼の表現だ。女性は(折り返し電話をしてほしい・ホテルに電話してほしい)と述べている。それを言い換えた((A)・(B)・(C)・(D))が正解。

【解こう】

1. Where does the speaker most likely work?

   (A) At a car rental company

   (B) At a ferry service

   (C) At an advertising agency

   (D) At a research institute

2. What does the speaker mean when he says, "I realize it's the day before"?

(A) He found a mistake in the schedule.

(B) A client will arrive early.

(C) Some news has been announced late.

(D) He has missed a deadline.

3. According to the message, why might Mr. Cash return the call?

(A) To provide a discount code

(B) To reject a proposal

(C) To introduce a colleague

(D) To suggest a meeting location

【聞こう】

**Questions 1 through 3 refer to the following telephone message.**

Hi, Mr. Cash. ❶ It's Kerry Whitley from WCR. ❷ I'm just (                    ) to discuss the (                    ) you will be (                    ) from us tomorrow morning. ❸ You ordered a compact car, and (                    ), we don't have any available at this time. ❹ (                    ), I would like to offer you a midsized vehicle at no additional cost. ❺ I realize it's the day before. ❻ You don't have much (                    ) to consider the situation. ❼ (                    ) let me know if this (                    ) is (                    ) to you for any reason.

【ナビクイズ】

1. 「話し手はどこで働いていると考えられますか」という設問。概要問題のヒントは (複数カ所・1カ所) にある。❶ 話し手はWCR社のKerry Whitleyだと述べているが、WCRが何か分からない。次を聞こう。❷ 話し手は明日の朝あなたが私たちから借りる (機材・車) に関して話したいと述べている。❸ 小型車がないので ❹ 中型車を提供したいと述べている。これら複数のヒントから、正解は ((A)・(B)・(C)・(D)) だと分かる。

2. 「話し手が "I realize it's the day before" と言っているのはどういう意味ですか」という設問。これは意図問題だ。❺ "I realize it's the day before" の後、❻ あなたは状況を考慮する (時間・計画) があまりないと述べている。正解はそれを言い換えた ((A)・(B)・(C)・(D)) だ。

3. 「メッセージによるとCashさんはなぜ折り返し電話をする可能性があるでしょうか」という設問だ。詳細問題のヒントは1カ所で述べられる。❼ Please let me know if ～の後を聞こう。もしこの (結果・解決策) が何かの理由で (受け入れられる・受け入れられない) 場合はお知らせください、と述べている。正解はそれを言い換えた ((A)・(B)・(C)・(D)) だ。

19
留守番電話

>> 解答・解説は151～152ページ

## Part 4 説明文問題④
# 会議からの抜粋(Excerpt from a Meeting)

### ナビポイント 3カ条

➤ 冒頭では、会議の議題は何かを聞き取ることが大事だよ。

➤ 中盤では、議題の詳細が述べられるよ。業績の報告や問題点が述べられることが多いよ。

➤ 終盤では、これからの会社の施策や、聞き手にしてほしいことなどが述べられるよ。

Unit 20では、説明文問題（会議からの抜粋）の解き方を学びましょう。会議の最初の場面や、次の話題に移る場面が抜粋されています。

### 会議からの抜粋の流れと聞き取りポイント

内容はさまざまですが、多くは会社の業務内容の報告や問題点の提示などで、最後に会社のこれからの方針や、聞き手にしてほしいことなどが述べられます。議題は何かをまず聞き取って解いていきましょう。

| 会議からの抜粋の流れ | 聞き取りポイント | 頻出表現の例 |
| --- | --- | --- |
| ① 会議のテーマやこれからの議題、報告事項などが述べられる | 議題は何かを聞き取ろう。冒頭で述べられる。 | Next on the agenda, I would like to discuss ~.<br>（次の議題では、〜について話し合いたいと思います）<br>Starting next month, we'll be implementing ~.<br>（来月から、〜を実施します）<br>As you all know, our company started ~.<br>（皆さんご存じのように、当社は〜を始めました） |
| ② テーマに関する詳細情報 | この部分でさまざまな情報が述べられる。設問の先読みによって、問われる内容を待ち構えて聞き取ろう。 | ① の内容によりさまざま<br>売り上げの低迷への対策<br>スタッフの増強<br>新しい施策など |

| ③ 次に聞き手が取る べき行動、これか ら会社が取る方 針、話し手がこれ から行うことなど が述べられる | 次に聞き手にしてほしいこ とは、Please ~などの命令 文やYou should ~などの 表現を使って述べられるよ。<br><br>これから会社がどういう方 針や対策を取るのかは、未 来形で述べられるので、will やbe going to ~に続く内 容を聞き取ろう。 | Please be sure to ~. (必ず~してください)<br>Make sure ~. (~を確かめてください)<br>Keep this in mind and do ~.<br>(このことを念頭に置いて~してください)<br>You should ~. (皆さんは~しなければいけません)<br>We need your suggestions on ~.<br>(~について皆さんの提案が必要です)<br>This will probably happen soon.<br>(この件はおそらく間もなく行われるでしょう)<br>We will use the extra money to ~.<br>(当社はその余剰資金を~にあてる予定です) |
| --- | --- | --- |

実際の例で見ていきましょう。青字の表現の後を注意して聞き取りましょう。

**🔊 20_1 新たに発売された飲料の売り上げについての会議**

① 会議のテーマ

I'd like to discuss the sales of the new beverage we launched last month.
(先月我々が発売した新しい飲料の売り上げについて議論したいと思います)

② テーマに関する詳細情報

Sales in urban areas have been good, but they're not as good in rural areas.
(都市部の売り上げは好調ですが、地方はよくありません)

③ 聞き手にしてほしいこと

Please suggest some ideas for boosting sales in rural areas.
(地方における売り上げを伸ばすためのアイデアをご提案ください)

**設問形式**

会議の抜粋でよく問われる設問は以下のようなものです。表現を覚えてしまうと設問の先読みが速くできるように なります。

**🔊 20_2** speaker「話し手」とlistener「聞き手」を間違えないように注意しましょう。

**【会議からの抜粋の概要を問う】⇒会議からの抜粋の流れ①②から聞き取ろう　ヒントは複数カ所**

What is the speaker mainly discussing? (話し手は主に何について話していますか)

Where does the talk most likely take place? (この話はどこで行われていると考えられますか)

What type of business does the speaker work for? (話し手はどのような企業で働いていますか)

**【これからの会社の方針や聞き手への依頼】⇒会議からの抜粋の流れ③から聞き取ろう　ヒントは1カ所**

What is the company planning to do? (会社は何をすることを計画していますか)

What does the speaker ask listeners to do? (話し手は、聞き手に何をするよう求めていますか)

According to the speaker, what should listeners do? (話し手によると、聞き手は何をしなければいけませんか)

Let's try

20 会議からの抜粋

**Words & Phrases**  ◀)) 20_3

次の例題・問題に出てくる単語・表現をリピートして覚えましょう。

update 名 最新情報　　various 形 さまざまな　　expand 動 〜を拡大する　　grant 動 〜を承諾する

access 名 接近　　crew 名 (技術的な作業の) 一団　　elsewhere 副 どこか他の所で　　receipt 名 領収書

general affairs 総務　　reimbursement 名 (経費などの) 払い戻し　　course 名 ゴルフコース

facility 名 施設　　clubhouse 名 クラブハウス　　dated 形 時代遅れの　　least 形 最も少ない

rainfall 名 降水量　　impact 名 影響　　scheme 名 配列　　decorator 名 内装業者　　vote 動 投票する

ナビクイズ例題　　◀)) 20_4

【解こう】　正しい選択肢を選ぼう。

1. What is the main topic of the talk?

    (A) The expansion of a parking lot

    (B) Ways to reduce spending

    (C) A new sales campaign

    (D) The activities of an employee

2. According to the speaker, what should

   the listeners do?

    (A) Look for alternative suppliers

    (B) Conduct a customer survey

    (C) Submit receipts to the company

    (D) Use a discount card

3. What will the speaker probably do next?

    (A) Describe a device

    (B) Show the listeners a map

    (C) Play a video

    (D) Read a report

【聞こう】　(　　) に単語を書き込もう。

**Questions 1 through 3 refer to the following excerpt from a meeting.**

Good afternoon, everyone. ❶ I have one topic to discuss before we begin the updates from the various sections. ❷ Next month, we will be (　　　　　　) the (　　　　　) lot. (　　　　　　), in order to do so, we need to grant access to a construction crew and their vehicles. ❸ It means that people who park on the east side of the parking lot will have to park elsewhere for a week. ❹ If you (　　　　　　) your parking (　　　　　) to the general affairs office at the end of the week, you'll receive full reimbursement. ❺ I recommend Starr Parking on Scott Street. ❻ (　　　　　　) bring it up on the (　　　　　) so that you can see it. Just a moment.

【ナビクイズ】　(　　) 内の適切なものに○をつけて解き方を完成させよう。

1. 「話のテーマは何ですか」という設問。❶ さまざまな部署の報告の前に話し合うテーマがあると述べている。 ❷ それは来月 (駐車場・本社) を (拡大する・縮小する) ことだ。正解は ((A)・(B)・(C)・(D))。

2. 「話し手によると、聞き手は何をすべきですか」という設問。According to ~ は「～によると」という意味で、情報の出どころや述べている人を指す。聞き手は (従業員・顧客) だ。❸ 駐車場の東側に車を停めている人はどこか他の所に停めなければいけないと述べている。❹ 駐車場の (申込書・領収書) を総務部に (持っていく・メールで送る) と、全額払い戻されると述べられているので、正解は ((A)・(B)・(C)・(D))。

3. 「話し手はおそらく次に何をしますか」という設問。次の行動は未来形で表現されるので、will の後を聞こう。❺ 話し手は Scott Street の Starr Parking を薦めている。❻ あなた方が見られるように (地図・書類) に示すと述べている。話し手は (地図・書類) を見せると考えられるので正解は ((A)・(B)・(C)・(D))。

---

### ナビクイズ例題解答

【解こう】

1. What is the main topic of the talk? (話のテーマは何ですか)
   (A) The expansion of a parking lot (駐車場の拡大) ○ ❷Next month, we will be expanding the parking lot.
   (B) Ways to reduce spending (出費を減らす方法) × 述べられていない
   (C) A new sales campaign (新しい販売キャンペーン) × 述べられていない
   (D) The activities of an employee (従業員の活動) × 車を移動させることは、駐車場の拡大工事による影響

2. According to the speaker, what should the listeners do? (話し手によると、聞き手は何をすべきですか)
   (A) Look for alternative suppliers (代わりの供給業者を探す) × 代わりの駐車スペースを探す必要がある
   (B) Conduct a customer survey (顧客調査を行う) × 述べられていない
   (C) Submit receipts to the company (会社に領収書を提出する) ○ ❹総務部に領収書を持っていけば払い戻される
   (D) Use a discount card (割引カードを使う) × 述べられていない

3. What will the speaker probably do next? (話し手はおそらく次に何をしますか)
   (A) Describe a device (装置の特徴を述べる) × 述べられていない
   (B) Show the listeners a map (聞き手に地図を見せる) ○ ❻お薦めの駐車場を地図で示すと述べている
   (C) Play a video (ビデオをかける) × 述べられていない
   (D) Read a report (報告書を読む) × 述べられていない

【聞こう】
説明文の種類⇒ここを聞き取る
**Questions 1 through 3 refer to the following excerpt from a meeting.**
会議からの抜粋

導入の挨拶
Good afternoon, everyone. ❶I have one topic to discuss before we begin the updates from the various sections.
1つの議題がある　　　　　　　　　　　最新情報　さまざまな部署から

議題のテーマ⇒駐車場を拡大する⇒設問1のヒント　　　議題の詳細：駐車場の拡大のために必要なこと
❷Next month, we will be ( expanding ) the ( parking ) lot. ( However ), in order to do so, we need to
拡大する　　　　　　　　　　しかしながら　そうするために

聞き手が取るべき行動1：車を他の場所に停める
grant access to a construction crew and their vehicles. ❸ It means that people who park on the east side of
承諾する　　　　　建築作業員　　　　　彼らの車　　　　　　駐車場の東側に車を停めている人
聞き手が取るべき行動2：領収書の提出⇒設問2のヒント
the parking lot will have to park elsewhere for a week. ❹ If you ( bring ) your parking ( receipts ) to
他の場所に　　　　　　　　　　　　　　領収書

the general affairs office at the end of the week, you'll receive full reimbursement. ❺ I recommend Starr
総務部　　　　　　　　　　　　　　　　　全額払い戻し　　　薦める
話し手の次の行動⇒設問3のヒント
Parking on Scott Street. ❻ ( I'll ) bring it up on the ( map ) so that you can see it. Just a moment.
少々お待ちください

20 会議からの抜粋

**訳** こんにちは、皆さん。さまざまな部署からの最新情報の発表を始める前に1つ話し合うテーマがあります。来月、駐車場を拡大します。しかしながら、そうするために、建設作業員の皆さんや彼らの車に、駐車する権利を認める必要があります。すなわち、駐車場の東側に車を停めている人は1週間どこか他の場所に車を停めなくてはいけません。駐車場の領収書を週末に総務部に持っていくと、全額払い戻しを受けられます。私はScott StreetのStarr Parkingをお薦めします。皆さんに見えるように地図に示します。少々、お待ちください。

【ナビクイズ】

1. 「話のテーマは何ですか」という設問。❶さまざまな部署の報告の前に話し合うテーマがあると述べている。❷それは来月(駐車場・本社)を(拡大する・縮小する)ことだ。正解は((A)・(B)・(C)・(D))。

2. 「話し手によると、聞き手は何をすべきですか」という設問。According to ~は「~によると」という意味で、情報の出どころや述べている人を指す。聞き手は(従業員・顧客)だ。❸駐車場の東側に車を停めている人はどこか他の所に停めなければいけないと述べている。❹駐車場の(申込書・領収書)を総務部に(持っていく・メールで送る)と、全額払い戻されると述べられているので、正解は((A)・(B)・(C)・(D))。

3. 「話し手はおそらく次に何をしますか」という設問。次の行動は未来形で表現されるので、willの後を聞こう。❺話し手はScott StreetのStarr Parkingを薦めている。❻あなた方が見られるように(地図・書類)に示すと述べている。話し手は(地図・書類)を見せると考えられるので正解は((A)・(B)・(C)・(D))。

【解こう】

1. What type of business does the speaker probably work for?
   - (A) A golf club
   - (B) A sporting goods store
   - (C) A restaurant
   - (D) A college

2. Look at the graphic. When will the work most likely occur?
   - (A) In September
   - (B) In October
   - (C) In November
   - (D) In December

3. What will the listeners do next?
   - (A) Discuss a rule
   - (B) Suggest venues
   - (C) Choose a color scheme
   - (D) Consider an application

**Questions 1 through 3 refer to the following excerpt from a meeting and graph.**

❶I've been considering when we should schedule the upgrades to the (　　　　　　　　)

facilities. ❷The (　　　　　　　　) is starting to look a little dated. Naturally, it's important to

do it when we're least busy. I found this graph online. It shows the local (　　　　　　　) by

month. ❸Many players (　　　　　　　) their games when it (　　　　　　　),

(　　　　　　　) I think this would be when the construction work would make the

(　　　　　　　) impact on our business. ❹Last week, I showed you some of the color

schemes that the interior decorator suggested. ❺This time, I'd (　　　　　　　) to

(　　　　　　　) on which one we go with.

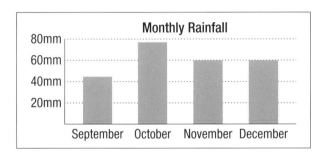

【ナビクイズ】

1. 「話し手はおそらくどんな企業で働いていますか」という設問。ヒントは複数ある。❶ 話し手は (コース・店内) 設備のアップグレードの日程を考えていると述べている。❷ (クラブハウス・オフィス) は時代遅れのように見え始めたと述べている。そして ❸ 多くのプレーヤーは (雨・晴れ) のときはゲームを (行う・キャンセルする) と述べている。これらの情報から正解は ((A)・(B)・(C)・(D)) だ。消去法でも解答できる。

2. 「図を見てください。その工事はいつ行われると考えられますか」という設問。グラフィック問題だ。図は月ごとの (積雪量・降水量) を表す。まず選択肢と図の共通項を探そう。図の横軸にある月と選択肢が同じだ。つまり、縦軸の項目によって判断する。❸ プレーヤーは (雨・晴れ) だとゲームを (行う・キャンセルする) ので、(最も多く・最も少なく) ビジネスに影響する月を選ぶのが良いと述べている。(so・because) の後を聞き取ろう。一番プレーヤーが少ないであろう月は図から ((A)・(B)・(C)・(D)) だと分かる。

3. 「聞き手は次に何をしますか」という設問だ。次の行動は最後に述べられる。❹先週はインテリアデザイナーが薦めた配色を見せたので、❺今度はそれについて (投票で選びたい・話し合いたい) と述べている。I'd like to ~ は 「~したい」 というこれからの希望を表すのでこの後を聞き取ろう。正解はこの部分を言い換えた ((A)・(B)・(C)・(D)) だ。

≫ 解答・解説は153〜154ページ

# TOEIC Listening

# MINI TEST

学習の仕上げは、実際のTOEIC TESTの4分の1にあたる25問のMINI TESTです。
Unit 01〜20の総復習となっています。次のように、やり方を変えて繰り返し取り組ん
でみてください。

1. ナビクイズは隠して、問題と選択肢だけを見て解く
   本番と同様、音声を止めずに通してやってみましょう。Part 3とPart 4の冒頭には、
   本番のテストのDirections（指示文）に相当する部分に、それぞれ8秒の空白が入っ
   ています。この時間を利用して、次の設問と選択肢を先読みする練習をしましょう。

2. ナビクイズを見て解く
   音声を止めながら、問題とナビクイズを解きましょう。ナビクイズで正解ルートを見
   つけられたかどうか、解き方が身についているかどうかを確認しましょう。

3. 書き取り
   何も見ないで、音声を書き取ってみましょう。単語が聞き取れるか、つながる音や弱
   く発音される音も含めて理解できるかどうか、力試しができます。

4. 音読
   解説を見ながら、音読練習をしましょう。3.で聞き取れなかった英語を重点的に練
   習しましょう。

## MINI TEST  Part 1   問題

**1.**  🔊 21_1

ⓐ ⓑ ⓒ ⓓ

ナビクイズ

女性が (food・cart・product・groceries) を (preparing・pushing・paying・loading) している
様子を表す ((A)・(B)・(C)・(D)) が正解。写っていない (cart・car) や、していない動作 (paying・
pushing) を含む選択肢は不正解。よく似た音のヒッカケに気をつけよう。

**2.**  🔊 21_2

ⓐ ⓑ ⓒ ⓓ

ナビクイズ

人のいないテーブルの写真。(glasses・plates・flowers・chairs) が (sink・wall・rack・table) に
(pushed・placed) されている状態を表す ((A)・(B)・(C)・(D)) が正解。写真にない (chairs・
plates) を含む選択肢は不正解。作業中の人はいないので、作業中の動作を表す (have been -ed・are
being -ed) は不正解。

**3.** 🔊 21_3

Mark your answer on your answer sheet.　　(A)　(B)　(C)

ナビクイズ

Hollandさんの (創立記念・退職) パーティーで (食べ物・花) がなかった (理由・場所) を尋ねている。(A) は彼が (買うように・買わないように) 頼んだと答えている。(B) は (生き生きと・素敵に) 見えませんかと返答している。(C) では (時間・場所) を伝えている。疑問詞 (where・why) に対応する ((A)・(B)・(C)) が正解。

**4.** 🔊 21_4

Mark your answer on your answer sheet.　　(A)　(B)　(C)

ナビクイズ

(工場・農場) の (移転・建設) 予定 (場所・時期) を尋ねている。(A) は (月・担当者) を伝える (適切な・不適切な) 応答。(B) は計画を (断念・延期) したと伝える (質問返し・前提くつがえし) の応答。(C) は (お付き合いし・会社を立ち上げ) ましょうと応じる (音・意味) のヒッカケ。消去法で選べば、((A)・(B)・(C)) が正解。

**5.** 🔊 21_5

Mark your answer on your answer sheet.　　(A)　(B)　(C)

ナビクイズ

Jamesさんが取扱説明書を (完成する時・置いた場所) を尋ねている。問われている (when・where) に対応する情報を直球で答える選択肢はない。変化球の (ボケ型・ツッコミ型) で対話を進める ((A)・(B)・(C)) が正解。ちぐはぐな応答を消していく消去法を活用しよう。

**6.** 🔊 21_6

Mark your answer on your answer sheet.　　　Ⓐ　Ⓑ　Ⓒ

ナビクイズ

(過去・未来) における (研修・旅行) への参加を尋ねている。Yes/No疑問文に対して矛盾がない選択肢を選ぼう。(A)「(リーダー・客) が多数いた」は問いと矛盾 (する・しない)。(B)「忙しかった・楽しかった)」は問いと矛盾 (する・しない)。(C)は問いの単語からの (音・連想) ヒッカケ。よって、正解は ((A)・(B)・(C))。

**7.** 🔊 21_7

Mark your answer on your answer sheet.　　　Ⓐ　Ⓑ　Ⓒ

ナビクイズ

冒頭は (依頼・提案) の表現。続くgive me a (hand・hug) もヒントになる。売り上げ目標の (分析・設定) の (依頼・提案) に対して、(承諾して・断って・質問を返して) いる ((A)・(B)・(C)) が正解。設問に含まれる単語と似た発音や連想される語のヒッカケに気をつけよう。

**8.** 🔊 21_8

Mark your answer on your answer sheet.　　　Ⓐ　Ⓑ　Ⓒ

ナビクイズ

話し手が (候補者・専門家) に面接するX案と、(聞き手が・話し手と聞き手の2人で) 面接するY案の2つを提案する選択疑問文。(X案・Y案) を言い換えて、「(私が担当する・全員に会いたい)」と聞き手が伝える ((A)・(B)・(C)) が正解。選択疑問文にYes/Noで答えることはできない。

**9.** 🔊 21_9

Mark your answer on your answer sheet. Ⓐ Ⓑ Ⓒ

ナビクイズ

平叙文は聞き取った情報から状況をイメージしよう。(庭園・乗り物) に再度戻ってくる時間をお知らせしているので、話し手は (庭師・ツアーガイド) だ。聞き手である (観光客・作業員) の応答として自然な ((A)・(B)・(C)) が正解。

**10.** 🔊 21_10

Mark your answer on your answer sheet. Ⓐ Ⓑ Ⓒ

ナビクイズ

劇場 (に間に合うように・でお化粧をするように)、(早めに・今すぐ) 出発することを提案している。「〜よね」にあたる shouldn't we? は取って考えよう。到着時刻を気にしている状況を考えれば、時間情報を含む ((A)・(B)・(C)) が正解。設問にある単語の音ヒッカケに惑わされないように気をつけて、消去法を活用しよう。

## MINI TEST Part 3 問題

🔊 21_11

11. What will take place on Saturday?

    (A) A concert

    (B) A seminar

    (C) A sporting event

    (D) A volunteer cleanup         Ⓐ Ⓑ Ⓒ Ⓓ

12. Why does the man say, "Good thing I mentioned it"?

    (A) He would like to make an announcement.

    (B) He introduced a better product.

    (C) He reminded the woman of a job.

    (D) He praised the woman for her good work.     Ⓐ Ⓑ Ⓒ Ⓓ

13. What will the woman do next?

    (A) Call some colleagues

    (B) Install a smartphone application

    (C) Reserve a bus

    (D) Place an advertisement         Ⓐ Ⓑ Ⓒ Ⓓ

### ナビクイズ

11. 「土曜日に何が行われますか」という設問。詳細問題だが、男性、女性どちらの発言にヒントがあるかは特定できない。土曜日がキーワードとなる。まず男性が、土曜日のGreen Parkでの (セミナー・ボランティアイベント) の準備に関して述べている。女性はそこで (ごみを集める・プレゼンテーションをする) 手伝いをすることになっていたと述べている。両方の情報によって正解は ((A)・(B)・(C)・(D)) と分かる。

12. 「男性はなぜ "Good thing I mentioned it" と言っていますか」という設問。この男性の発言の前に、女性が (ごみを集める・プレゼンテーションをする) 手伝いをする予定になっていることを (忘れていた・皆に知らせた) と述べているので、男性は ((A)・(B)・(C)・(D)) の意味で述べたと分かる。

13. 「女性は次に何をしますか」という設問。詳細問題なので1カ所で述べられる。女性の発言の中にヒントがある。I'llの後にこれから行うことが述べられるので聞き取ろう。女性は、(顧客・出席者) に (電話・メール) して知らせる、と述べている。(顧客・出席者) とは、イベントでTシャツを着る予定のDalton Techの代表者たちのことなので、それを言い換えた ((A)・(B)・(C)・(D)) が正解。

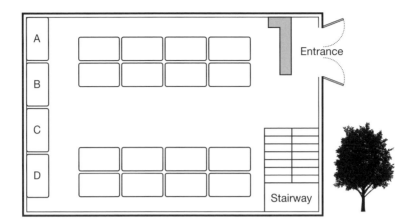

14. What does the woman say she has brought?

   (A) Some documents

   (B) A piece of furniture

   (C) An electronic device

   (D) Some refreshments     Ⓐ Ⓑ Ⓒ Ⓓ

15. Look at the graphic. Which desk is Mr. Townsend's?

   (A) Desk A

   (B) Desk B

   (C) Desk C

   (D) Desk D     Ⓐ Ⓑ Ⓒ Ⓓ

16. What time does the man say Mr. Townsend will return?

   (A) At 1:00 P.M.

   (B) At 1:30 P.M.

   (C) At 2:00 P.M.

   (D) At 2:30 P.M.     Ⓐ Ⓑ Ⓒ Ⓓ

ナビクイズ

14. 「女性は何を持ってきたと言っていますか」という設問。詳細問題なので１カ所にヒントがある。冒頭で女性は、Townsendさんに、サインするための (用紙・電子機器) を持ってくるように頼まれたと述べている。正解はそれを言い換えた ((A)・(B)・(C)・(D)) と分かる。迷ったらサインできないものを消去する消去法も有効。

15. Look at the graphic. と書かれているのでグラフィック問題だ。「Townsendさんの机はどれですか」という設問。固有名詞が設問に含まれているときは、発音をイメージしながら待ち構えよう。選択肢と図を比較すると、机の位置の表示のA・B・C・Dが共通なので、位置を特定する描写を聞き取る。男性が、(後ろの壁沿い・右側の列) の机を見るように述べている。彼の席は (右から・左から) ( 1 番目・ 2 番目) だと言っている。女性は入り口の位置から見ているので、正解は ((A)・(B)・(C)・(D)) と分かる。

16. 「男性は何時にTownsendさんが戻ると言っていますか」という設問。詳細問題なので１カ所にヒントがある。女性が、彼はいつ戻るか聞いているのに対して、男性は (午後１時・午後２時) と答えている。時間をピンポイントで聞き取ろう。正解は ((A)・(B)・(C)・(D)) と分かる。

17. Why is the man concerned?

    (A) He ordered the wrong item.

    (B) He missed a meeting.

    (C) He does not have a qualification.

    (D) He cannot find a software key.　　　　Ⓐ Ⓑ Ⓒ Ⓓ

18. What does the woman suggest the man do?

    (A) Call customer support

    (B) Ask for more time

    (C) Read a report

    (D) Buy a new car　　　　Ⓐ Ⓑ Ⓒ Ⓓ

19. What will the man most likely do next?

    (A) Speak with a supervisor

    (B) Call a garage

    (C) Send an e-mail

    (D) Look for an instruction manual　　　　Ⓐ Ⓑ Ⓒ Ⓓ

ナビクイズ

17. 「男性はなぜ心配していますか」という設問。詳細問題なので1カ所で述べられる。冒頭で男性は、コンピューターにソフトウェアをインストールする必要があるが、(製品のアクティベーションコード・パスワード) をなくしたと述べている。それがないと動かないと述べて、どうしたらいいか分からない、と心配している。正解はそれを言い換えた ((A)・(B)・(C)・(D))。

18. 「女性は男性が何をすることを提案していますか」という設問。詳細問題なので1カ所で述べられる。心配している男性に対して女性は、メーカーのカスタマーサポートラインに (電話・メール) することを提案している。つまり正解は ((A)・(B)・(C)・(D)) と分かる。

19. 「男性は次に何をすると考えられますか」という設問。次の行動は会話の最後に述べられる。男性がどうやったら電話番号が分かるかと尋ねているのに対して、女性は、普通は (メーカーの担当者のファイル・ユーザーマニュアル) にその情報があるので、(箱の中を見て・メールを送って) それがまだそこにあるか確かめるといいと言っている。男性は女性のアドバイスに従うと思われるので、女性の発言から正解は ((A)・(B)・(C)・(D)) と分かる。この設問は、男性の次の行動のヒントが女性の発言の中で述べられるパターンだ。

## MINI TEST Part 4 問題

🔊 21_14

20. What kind of business is Cooper's?

    (A) A restaurant

    (B) A publishing house

    (C) An accounting firm

    (D) A theater    Ⓐ Ⓑ Ⓒ Ⓓ

21. What is the business celebrating?

    (A) An award

    (B) A grand opening

    (C) An anniversary

    (D) A seasonal event    Ⓐ Ⓑ Ⓒ Ⓓ

22. What will the event feature?

    (A) Live music

    (B) Free promotional items

    (C) Contests

    (D) Speeches    Ⓐ Ⓑ Ⓒ Ⓓ

### ナビクイズ

20. 「Cooper'sはどのような種類の企業ですか」という設問。広告の問題では何が宣伝されているかをつかむことが大切だ。冒頭からこの広告はCooper's に関する宣伝だと分かる。この設問は概要問題なので複数カ所にヒントがある。冒頭でCooper's は長年(美味しい料理・劇場の催し物)を提供してきたことを誇りに思っていると述べている。その他にも、performance、show、theater's Web siteなどの単語がちりばめられているので、正解は ((A)・(B)・(C)・(D)) と分かる。

21. 「その企業は何を祝いますか」という設問。詳細問題なので1カ所で述べられる。今週は (70周年記念日・グランドオープン) を祝う予定だと述べているので、正解は ((A)・(B)・(C)・(D))。

22. 「イベントは何を呼び物にしていますか」という設問。イベントに関しては (無料の軽食・無料の販売促進の製品) が提供されることと、(コンテストがある・バンドがジャズを演奏する) ことが述べられている。選択肢を見ると、後者を言い換えた ((A)・(B)・(C)・(D)) が正解だと分かる。

**23.** Why did Ms. Salinger call the speaker?

(A) To change an appointment

(B) To request payment

(C) To explain an error

(D) To announce a decision                Ⓐ Ⓑ Ⓒ Ⓓ

**24.** What does the speaker disagree with Ms. Salinger about?

(A) The location of a supplier

(B) The duration of a project

(C) The reason for a meeting

(D) The timing of a holiday               Ⓐ Ⓑ Ⓒ Ⓓ

**25.** What does the speaker ask Ms. Salinger to do?

(A) Speak with a colleague

(B) Introduce a consultant

(C) Check a price

(D) Prepare a room                        Ⓐ Ⓑ Ⓒ Ⓓ

**ナビクイズ**

23. 「Salingerさんは話し手になぜ電話をしましたか」という設問。冒頭でSalingerさんにRalph Douglas さんが電話していると分かる。彼はSalingerさんから (会う日・見積もり) を変えたいという電話があっ たことを述べているので、正解は ((A)・(B)・(C)・(D))。

24. 「話し手は何についてSalingerさんに同意していませんか」という設問。Salingerさんはプロジェクトが 1週間かかると予測したと述べている。しかし、話し手のDouglasさんはもっと (短期で終わる・長くか かる) かもしれないと思うと述べているので、正解は ((A)・(B)・(C)・(D))。

25. 「話し手はSalingerさんに何をするように頼んでいますか」という設問。依頼についてはpleaseの後を聞 こう。カタログを (もう一度見てほしい・送ってほしい) と述べている。資材の費用が (業者の希望価格・ 昨年の価格) になっているかもしれないと述べているので、正解は ((A)・(B)・(C)・(D))。

>> MINI TESTの解答・解説は155ページから

ナビクイズ

# 解答・解説

## ナビクイズ問題 1  🔊 01_9

**【解こう】【聞こう】**

○写真の動作と一致

〇 (A) He's ( climbing ) a ( ladder ).

（彼ははしごを登っている） ×立っているのは屋根の上ではない

× (B) He's ( standing ) on a ( roof ).

（彼は屋根の上に立っている）

×開けていない

× (C) He's ( opening ) a ( window ).

（彼は窓を開けている）

×操作していない

× (D) He's ( operating ) a ( machine ).

（彼は機械を操作している） ×写真にない

**【ナビクイズ】**

男性が屋外で (roofに・ladderに・windowを・machineを )( operating・standing・opening・climbing ) している様子を表す (( A )・( B )・( C )・( D )) が正解。写真にない ( ladder・machine ) やしていない動作 ( operating・climbing ) を含む選択肢は不正解となる。

## ナビクイズ問題 2  🔊 01_10

**【解こう】【聞こう】**

×修理していない

× (A) She's ( fixing ) a ( laptop ).

（彼女はノートパソコンを修理している）

×動かしていない

× (B) She's ( moving ) a ( desk ).

（彼女は机を動かしている）

○写真の動作と一致

〇 (C) She's ( talking ) on the ( phone ).

（彼女は電話で話している）

×持ち上げていない

× (D) She's ( picking ) up a ( notepad ).

（彼女はメモ帳を持ち上げている）

**【ナビクイズ】**

女性が ( deskを・notepadを・phoneで・laptopを )( talking・moving・picking up・fixing ) している様子を表す (( A )・( B )・( C )・( D )) が正解。していない動作 ( fixing・talking ) を含む選択肢は不正解となる。

ナビクイズ問題 1 🔊 02_6

【解こう】【聞こう】

☒ (A) The ( woman ) is ( buying ) a ( ticket ). ×買っていない
(女性がチケットを買っている)

☒ (B) The ( man ) is ( cleaning ) a ( platform ). ×掃除していない
(男性がプラットフォームを掃除している)

☒ (C) They're ( boarding ) a ( train ). ×乗り込んでいない
(彼らは電車に乗り込もうとしている)

○ (D) They're ( looking ) at a ( map ). ○2人の動作と一致
(彼らは地図を見ている)

【ナビクイズ】

(女性・男性・2人) が (platformを・train に・mapを・ticketを ) (boarding・cleaning・buying・looking at) している様子を表している ((A)・(B)・(C)・(D)) が正解。写っていない物 (ticket・train) や、していない動作 (boarding・looking at) を含む選択肢は不正解。複数人物の写真では、主語と動詞の組み合わせに注意して聞いていこう。

ナビクイズ問題 2 🔊 02_7

【解こう】【聞こう】

☒ (A) One of the ( women ) is ( reaching ) for a ( file ). (女性の1人はファイルに手を伸ばしている)
×写真にない ×指さしていない

☒ (B) One of the ( men ) is ( pointing ) at a ( document ). (男性の1人は書類を指さしている)
○4人の動作と一致

○ (C) ( Some ) ( people ) are ( standing ) in front of a ( whiteboard ).
(何人かの人々がホワイトボードの前に立っている)
×調整していない

☒ (D) ( Some ) ( people ) are ( adjusting ) a ( projector ). (何人かの人々がプロジェクターを調整している)
×写真にない

【ナビクイズ】

(男性の1人・女性の1人・何人か) が (projector を・whiteboardの前に・documentを・file に) (pointing at・reaching for・standing・adjusting) している様子を表している ((A)・(B)・(C)・(D)) が正解。写っていない物 (projector・document) や、していない動作 (reaching for・pointing at) は不正解だ。

## ナビクイズ問題 1 ◀)) 03_6

STEP UP

壁に絵が掛けてある状態を進行形で表すA picture is hanging on the wall. は頻出表現。ソファの前にあるのはdeskではなくtableだよ。deskは勉強や仕事用の机を意味します。

【解こう】【聞こう】

○ソファの状態と一致

○ (A) A ( sofa ) is ( unoccupied ).
（ソファが空いている）

×積み重ねられていない

× (B) Some ( pillows ) are ( piled ) up on the ( bed ). （ベッドの上にいくつかのクッションが積み重ねられている）

×写真にない

× (C) A ( desk ) ( has ) ( been ) ( placed ) between the ( lamps ).
（机がランプの間に置かれている）

×作業中の人はいない

× (D) A ( fan ) ( is ) ( being ) ( installed ) on the ( ceiling ). （扇風機が天井に取りつけられているところだ）

【ナビクイズ】

人のいない部屋の写真。(fan・pillows・desk・sofa) が (placed・installed・unoccupied・piled up) されている状態を表す ((A)・(B)・(C)・(D)) が正解。写真に写っていない (desk・fan) を含む選択肢は不正解。作業中の人は写っていないので、作業中の動作を表す (has been -ed・is being -ed) は不正解。unoccupiedのように語頭に -un が付くと逆の意味になる。

## ナビクイズ問題 2 ◀)) 03_7

【解こう】【聞こう】

×写真にない

× (A) A ( pool ) is ( surrounded ) by a ( fence ).
（プールがフェンスで囲まれている）

×閉じられていない

× (B) Some ( parasols ) have been ( closed ).
（いくつかのパラソルが閉じられている）

×作業中の人はいない

× (C) Some beach ( chairs ) ( are ) ( being ) ( carried ) to the ( poolside ).
（いくつかのビーチチェアがプールサイドに運ばれているところだ）

○写真の水面と一致

○ (D) Some ( trees ) are ( reflected ) in the ( water ). （何本かの木が水面に映っている）

【ナビクイズ】

人のいないプールサイドの写真。(parasols・trees・pool・beach chairs) が (reflected・carried・surrounded・closed) されている状態を表す ((A)・(B)・(C)・(D)) が正解。写真にない (parasols・fence) を含む選択肢は不正解。人は写っていないので、作業中の動作を表す (have been -ed・are being -ed) は不正解。

## ナビクイズ 04 解答・解説

### ナビクイズ問題 1  🔊 04_6

【解こう】【聞こう】

冒頭の疑問詞をキャッチ　fはうんと弱い
( What )'s all the ( equipment ) in the lobby for? (ロビーにある装置は全部何のためですか)

× what に対する情報ナシ
☒ (A) I ( approved ) it. (私は承認しました)

bは発音しない　○装置は配管チェックのため
☐ (B) Some ( plumbers ) are checking the ( pipes ). (配管工がパイプを確認しています)

× lobby の音ヒッカケ
☒ (C) I think they're in the ( lobby ). (それらはロビーにあると思います)

【ナビクイズ】

ロビーの (スタッフは誰・装置は何のため) かを尋ねている。(A)は「私が (承認した・証明した)」と伝えている。(B)は (プランナー・配管工) が (パイプ・予定) を確認していると伝えている。(C)は疑問詞の情報に対応して (いる・いない)。(集合時間・装置の目的) に関する情報を含む ((A)・(B)・(C)) が正解。

### ナビクイズ問題 2  🔊 04_7

【解こう】【聞こう】

冒頭の疑問詞キャッチ　つながるよ　セィゥ
( How ) do you think we ( should )( advertise ) the summer ( sale )?
(夏のセールをどのように宣伝すべきだと思いますか)

語末のtはうんと弱い　× advertise の似た音ヒッカケ
☒ (A) I ( didn't )( see ) the ( advertisement ). (広告は見ませんでした)

○広告の手段に対する情報アリ　つながるよ
☐ (B) The newspaper ( is )( always ) good. (新聞はいつでもうまくいきます)

つながるよ　× how に対する情報ナシ
☒ (C) ( Not )( until )( summer ). (夏まではないです)

【ナビクイズ】

セールの (広告手段・宣伝時期) を尋ねている。(A)は問いの (what・how) に対応する情報を含んで (いる・いない)。(B)「新聞は (いつも・やや) うまくいく」は問いに対応して (いる・いない)。(C)「(夏まで・TV) はない」は (広告手段・宣伝時期) を伝えている。問いに関係ない選択肢を消去すると正解は ((A)・(B)・(C))。

125

**ナビクイズ問題 3** 🔊 04_8

【解こう】【聞こう】

冒頭の疑問詞キャッチ　つながるよ　TOEIC 頻出語
( Where ) are we going to ( open ) ( our ) next ( branch )? (どこに次の支社を開くのですか)

地名だと分かればOK　○場所を答えている
☐ (A) In East ( Seattle ). (East Seattleです)

×場所の情報ナシ
☒ (B) There's a lot of ( traffic ). (交通量が多いです)

×WH疑問文にYes / NoはNG　openの音ヒッカケ
☒ (C) ( Yes ), they're ( all ) ( open ). (はい、それらは全部公開されています)

【ナビクイズ】

次の (支社・計画) を (開く・発表する) (場所・時期) を尋ねている。(A)は問いの (when・where) に対応して (いる・いない)。(B)「(トレーニング・交通量) が多い」は疑問詞に対応して (いる・いない)。疑問詞で始まる質問に (Yes・No) で答える(C)は (適切・不適切)。消去法で選べば ((A)・(B)・(C)) が正解。

**STEP UP** 耳慣れない人名や地名などが含まれる選択肢は保留にして、明らかにおかしい選択肢に×をつけて答えを絞り込もう。消去法が有効。

---

**ナビクイズ問題 4** 🔊 04_9

【解こう】【聞こう】

疑問詞キャッチ　語末のckは弱い音
( When ) will Ms. Harper be ( back ) from her meeting with the ( clients )?
(Harperさんは顧客との会議からいつ戻ってきますか)

backの音ヒッカケ
☒ (A) At the ( back ) ( of ) the room. (部屋の後ろで)

be sure to ～「必ず～する」　×whenに対する情報ナシ
☒ (B) She's ( sure ) to. (彼女は必ず (戻ってきます))

○時間情報アリ　in「～後に」
☐ (C) In ( about ) ( an ) ( hour ). (約1時間後に)

つながる音に要注意

【ナビクイズ】

Harperさんが (顧客・彼女) との会議から戻る (時・場所・理由) を尋ねている。(A)は (時・場所・理由) の情報だ。(B)は、彼女は (必ず戻る・すぐに戻る) と伝えている。(C)は (時・場所・理由) の情報だ。問いの (when・how・where) に答えている ((A)・(B)・(C)) が正解。音ヒッカケに注意して消去法で選ぼう。

# ナビクイズ ⑤ 解答・解説

## ナビクイズ問題 1 🔊 05_5

【解こう】【聞こう】

冒頭の疑問詞キャッチ ── プレゼンテーションはTOEIC頻出語

( **How** ) did the sales ( **presentation** ) ( **go** )? (プレゼンテーションはどうでしたか)

○ボケ型「様子を見ないと結果は分からない」

☐ **(A)** We have to ( **wait** ) ( **and** ) ( **see** ). (様子を見なくてはなりません)

×presentationの似た音ヒッカケ

✗ (B) It was a ( **nice** ) ( **present** ). (それは良いプレゼントでした)

×(B)プレゼントからの「はいどうぞ」は連想ヒッカケ

✗ (C) ( **Here** ) ( **you** ) ( **are** ). (はいどうぞ)

【ナビクイズ】

(発表・プレゼント) はどうだったかと尋ねている。(A)の (様子を見なくてはなりません・分かりません) は応答として成立 (する・しない)。(B)は設問と似た (音・意味) のヒッカケ。(C)「(ここに来て・はいどうぞ)」は (発表・プレゼント) のやりとりで使う表現。消去法で選べば正解は ((A)・(B)・(C))。

## ナビクイズ問題 2 🔊 05_6

【解こう】【聞こう】

疑問詞キャッチ ──「～に鍵をかける」

( **Who** ) usually ( **locks** ) the office in the evenings?

(ふだんは誰が夕方オフィスに鍵をかけますか)

×疑問詞whoに対する情報ナシ

✗ (A) In the ( **mornings** ), too. (朝もです)

×locksの音ヒッカケ

✗ (B) The ( **rocks** ) ( **look** ) nice in the garden. (その岩は庭に合っています)

○ボケ型の答えはOK ──つながるよ ──予定表で誰が鍵をかけるか分かる

☐ **(C)** Please ( **take** ) ( **a** ) ( **look** ) at the ( **schedule** ). (予定表を見てください)

【ナビクイズ】

オフィス (を見ている・に鍵をかける) のは (誰か・なぜか) と尋ねている。(A)は問いの (who・why) に対する情報が含まれ (る・ない) ので (適切・不適切)。(B)は設問と似た (音・意味) のヒッカケ。(C)「予定表を (見て・取って)」はヒントを (与える・与えない) 応答だ。消去法により正解は ((A)・(B)・(C))。

## ナビクイズ問題 3　🔊 05_7

【解こう】【聞こう】

　　　　　　┌─ 疑問詞キャッチ　　┌─ TOEIC頻出語「締め切り」
( When )'s the ( deadline ) for the ( monthly ) sales ( report )?

(毎月の営業報告書の締め切りはいつですか)

　　　　　　　┌─ つながるよ　　×時間の情報ナシ
☒ (A) I ( left ) ( it ) on the ( desk ). (それを机の上に置きました)

　　　　　　　　┌─ ○ボケ型「~に聞いて」は正答になるよ
◯ (B) You'd ( better ) ( ask ) Ms. Dolby. (Dolbyさんに聞く方がいいです)

　　　　　　┌─ ×設問と関係ない代名詞はNG
☒ (C) ( She )'s a great ( reporter ). (彼女は素晴らしいリポーターです)

【ナビクイズ】

(報告書・宿題) の (提出・締め切り) は (どこ・いつ) かと尋ねている。(場所・時間) を伝える(A)は (適切・不適切)。(B)「Dolbyさんに (提出する・聞く) べき」は (ボケ型・ツッコミ型) で、ヒントに (なる・ならない) 応答だ。(C)の主語は設問と関係 (ある・ない) 代名詞なので (適切・不適切)。消去法により正解は ((A)・(B)・(C))。

## ナビクイズ問題 4　🔊 05_8

【解こう】【聞こう】

　　　　┌─ 冒頭の疑問詞キャッチ
( Why ) is ( there ) such a ( long ) ( line ) of people in ( front ) of the ( department ) store? (デパートの前にそんな長い行列があるのはなぜですか)

×理由になっていない　　┌─ ×department の似た音ヒッカケ
☒ (A) We'll ( depart ) at 9:30. (9時30分に出発します)

○長い行列と聞き、人数を尋ねるツッコミ型
◯ (B) ( How ) ( many ) are ( there )? (何人いるのですか)

×理由になっていない ┌─ ×long の似た音ヒッカケ
☒ (C) ( Along ) the ( river ) ( bank ). (川岸に沿って)

【ナビクイズ】

(劇場・デパート) の (長い行列・ロングラン) は (いつからか・なぜか) を尋ねている。(A)は設問と似た単語の (音・連想) ヒッカケ。(B)は (ボケ型・ツッコミ型) の応答。(人数・日数) を尋ねる質問は (自然・不自然) な応答だ。(C)は問いかけの疑問肢に対応 (する・しない)。消去法で選べば正解は ((A)・(B)・(C))。

STEP UP　whyで始まる疑問文で要注意なのは、Why don't you ~? 「~したらどうですか」という提案表現です。理由を尋ねる疑問文と異なり、提案を承諾したり、断ったりする応答を選びます (Unit 07 参照)。

## ナビクイズ 06 解答・解説

### ナビクイズ問題 1 🔊 06_8

【解こう】【聞こう】

　　　　　　語順どおりに聞き取る　「あなた」「見た」　　　　　　　　　「コマーシャル」
Have you ( seen ) Dominion Accounting's new television ( commercial )?
(Dominion Accounting の新しいテレビコマーシャルを見ましたか)

　　　　　　　　　　　　　　×見たことないのに好きではない＝矛盾
× (A) ( No ), I don't ( like ) it. (いいえ、私はそれが好きではありません)

　　　　　　　　　　　　×commercial の音ヒッカケ
× (B) It's a ( commercial ) ( vehicle ). (それは商用車です)

　　　　　○Yes（見た）を飛ばして、見た回数で応答
○ (C) ( A ) ( couple ) ( of ) times now. (これまで数回見ました)

【ナビクイズ】

CM (を見た・が好き) かどうかを尋ねている。(A) (Yes・No) とその後の内容は矛盾 (する・しない)。
(B)は (テレビ・車) の種類を答えており、問いに関係 (する・しない) 応答。(C)はYes/Noを飛ばして
(時刻・回数) を伝えており、矛盾 (する・しない)。消去法で選べば正解は ((A)・(B)・(C))。音ヒッカ
ケに注意。

### ナビクイズ問題 2 🔊 06_9

【解こう】【聞こう】

　　　　　　語順どおりに聞き取る　「誰か」「時間ある」「手伝う」「荷物を積み込むのを」
( Does ) ( anyone ) here have ( time ) to ( help ) me ( load ) the truck?
(トラックに荷物を載せるのを手伝う時間のある人はここにいますか)

　　　　　　　　　　　　×問いと無関係の時刻　time の連想ヒッカケ
× (A) ( It's ) about ( two ) ( o'clock ). (2時頃です)

　　　　　　　　○「誰か」に対し、Yesを飛ばして「自分が手伝う」
○ (B) I'll ( give ) ( you ) a ( hand ). (私が手を貸しましょう)

　　　　　　　　　　×load の音ヒッカケ
× (C) It's a nice ( road ). (いい道ですね)

【ナビクイズ】

(交通整理・荷物の積み込み) を (手伝う時間・指示する技術) がある人がいるかどうかを尋ねている。
(A) (人数・時刻) の答えは矛盾 (する・しない)。(B)Yes/Noを飛ばして自分が (手伝う・指示する) と
伝えるのは、矛盾 (する・しない)。(C)で答えている (荷物・道) は音ヒッカケ。消去法で選べば正解は
((A)・(B)・(C))。

**ナビクイズ問題 3** 🔊 06_10

【解こう】【聞こう】

＜語順どおりに聞き取る 「薬局はある?」「開いている」「遅くまで」「この辺りに」＞

Is there a ( pharmacy ) that's ( open ) ( until ) ( late ) around here?

(この辺りに遅くまで開いている薬局はありますか)

×薬局情報ナシ

☒ (A) That's ( good ) ( to ) ( know ). (分かって良かったです)

固有名詞は薬局名と推測

◯ (B) Chempro ( closes ) ( at ) 10:00 P.M. (Chemproは午後10時に閉まります)

◯10時に閉まる=遅くまで開いている

×薬局情報ナシ

☒ (C) I'm ( planning ) on ( leaving ) soon. (すぐに出発する予定です)

【ナビクイズ】

(8時に開く・遅くまで営業する) (雑貨店・薬局) があるかどうかを尋ねている。(A)は問いへの情報提供が (ある・ない)。(B)は店が午後10時に (開く・閉まる) と伝えており、矛盾 (する・しない)。(C)「(すぐ出発する・ここに住んでいる)」は問いと関係が (ある・ない)。消去法で選べば正解は ((A)・(B)・(C))。

---

**ナビクイズ問題 4** 🔊 06_11

【解こう】【聞こう】

＜疑問詞をキャッチ＞ ＜Pの音は弱い＞

Do you know ( where ) we ( keep ) the cleaning ( supplies )?

(掃除用品をどこに保管するのか知っていますか)

×備品保管場所に関係ナシ ×suppliesの音ヒッカケ

☒ (A) I was ( surprised ) to ( hear ) it. (それを聞いて驚きました)

×問いに関係ナシ ×cleaningの音ヒッカケ

☒ (B) It's ( cleaner ) than I thought it would be. (思ったよりも清潔です)

◯場所情報アリ

◯ (C) In the ( closet ) by the ( break ) ( room ). (休憩室のそばにあるクローゼットです)

【ナビクイズ】

清掃用品の (交換時期・保管場所) を尋ねている。正解は、問いに対して情報を提供している ((A)・(B)・(C)) だ。音ヒッカケに気をつけて消去法で答えを選ぼう。Do you know ～ やWould you tell me ～ の後にwho、what、when、whereなどの疑問詞が続く疑問文は、WH疑問文と同じく疑問詞に対応する答えが正解となる。

ナビクイズ問題 1 🔊 07_6

【解こう】【聞こう】

依頼 「教えて」 「使い方」 「会計ソフト」

( Can ) ( you ) show me ( how ) ( to ) use this new accounting software?

(この新しい会計ソフトの使い方を私に教えていただけますか)

×use の音ヒッカケ used to ~ 「かつて~したものだった」

☒ (A) I ( used ) to. (私はかつてやっていました)

○依頼に対し理由を述べて断っている

☑ (B) I'm ( a ) ( little ) ( busy ) right now. (ちょうど今少し忙しいです)

×accounting の似た音ヒッカケ

☒ (C) It ( doesn't ) ( count ). (それは重要ではありません)

【ナビクイズ】

冒頭は (依頼・提案) の表現。会計ソフトの (使い方・おすすめ製品) について尋ねている。問いかけに対して、(承諾して・断って・質問を返して) いる ((A)・(B)・(C)) が正解。設問に含まれる単語と似た発音の単語は、音ヒッカケの可能性が高い。

ナビクイズ問題 2 🔊 07_7

【解こう】【聞こう】

提案 「雇う」 「人」 「工場に」

( Should ) ( we ) ( hire ) a few more people for the ( factory )?

(工場にもう少し多く人を雇うべきでしょうか)

工場の人を指す ○工場の人は感謝=提案を承諾

☑ (A) They'd ( appreciate ) that. (彼らは感謝するでしょう)

×hire の似た音ヒッカケ

☒ (B) It's getting ( higher ) and ( higher ). (それはますます上がっています)

×factory の似た音ヒッカケ

☒ (C) I am, ( in ) ( fact ). (私は実際そうです)

【ナビクイズ】

冒頭は (依頼・提案) の表現。より多くの人を (工場で・実際に) (解雇する・雇う) かどうか尋ねている。問いかけに対して、現場の人が (残念な・感謝する) 状況を伝えて (承諾・断り・質問) を表す ((A)・(B)・(C)) が正解。

**ナビクイズ問題 3**  🔊 07_8

【解こう】【聞こう】

提案　「行って」「見る」「ミュージカル」「間」　　「New Yorkにいる」
( Why ) ( don't ) ( we ) go and ( see ) a musical ( while ) we're ( in ) New York?
(New Yorkにいる間にミュージカルを見に行きませんか)

○「もちろん」＝承諾
☐ (A) ( Sure ), that ( sounds ) ( fun ). (もちろん、楽しそうです)

✕ why don't we ~?は理由を尋ねる質問ではないからBecauseはNG
✕ (B) ( Because ) it's the ( perfect ) ( time ). (ちょうどよい時間だからです)

✕ どのミュージカルを見るのか分からないのに「それは中止」では不適切
✕ (C) It ( was ) ( canceled ). (それは中止されました)

【ナビクイズ】

冒頭は (依頼・提案) の表現。New York (を舞台とする・に滞在中の) ミュージカル (観劇・制作) を (依頼・提案) している。問いかけに対して (承諾して・断って・質問を返して) いる ((A)・(B)・(C)) が正解。冒頭の表現を集中して聞こう。

---

**ナビクイズ問題 4**  🔊 07_9

【解こう】【聞こう】

提案　　　　　「注文する」　　　　　　　　　　「紙」
( How ) ( about ) ( placing ) an ( order ) for ( some ) ( more ) paper before the
( busy ) season? (繁忙期前にもう少し紙を注文するのはどうでしょうか)

「繁忙期前に」　　　✕ orderの音ヒッカケ
✕ (A) Any ( order ) is ( fine ) ( with ) me. (どんな注文でも私は構いません)

✕ 提案に対して答えていない
✕ (B) That ( explains ) it. (それで分かりました)

紙のさらなる注文提案に　　　○保管場所がある?　質問返しの慎重派
☐ (C) Do we have ( enough ) ( storage ) ( room )? (十分な保管場所があるでしょうか)

【ナビクイズ】

冒頭は (依頼・提案) の表現。(繁忙期・出張) 前に紙を (注文・値段交渉) しておく (依頼・提案) だ。問いかけに対して (承諾して・断って・質問を返して) いる ((A)・(B)・(C)) が正解。承諾・断る・慎重派の応答を待ち構えて、定番パターンに合わない選択肢を消去していこう。

## ナビクイズ 08 解答・解説

### ナビクイズ問題 1 🔊 08_7

【解こう】【聞こう】

×案：ショールーム

聞き手の希望を尋ねる　　　　　　　　　　　　へ一緒に行く

( Would ) ( you ) ( like ) to ( come ) with me to the showroom ( or ) just
( look ) ( online )? (ショールームに私と一緒にいらっしゃいますか、それともオンラインでご覧になりますか)

Y案：インターネットで見る

○ (A) I want to ( see ) the ( products ) in ( person ). (製品を直接見たいです)

○製品を直接見る＝×案　　　　　　　×Showroomの似た音ヒッカケ

× (B) It's a ( great ) ( show ). (素晴らしいショーです)

×選択疑問文にNoで答えるのはNG

× (C) ( No ), I don't ( remember ). (いいえ、覚えていません)

【ナビクイズ】

ショールームに (来る・勤務する) X案か、インターネットで (見る・仕事をする) Y案か、聞き手の希望を尋ねている。(X案・Y案) を言い換えて、(ネットで人事を担当する・製品を直接見たい) と応答する ((A)・(B)・(C)) が正解。選択疑問文にYes/Noの応答は不適切だ。

### ナビクイズ問題 2 🔊 08_8

【解こう】【聞こう】

×案：電車　　　　　　　　　　　　Y案：飛行機

( Should ) ( I ) go to San Diego by ( train ) ( or ) ( fly )?
(San Diegoへは電車で行くべきでしょうか、それとも飛行機で行くべきでしょうか)

○電車で行くのがより速い＝×案

○ (A) It's ( actually ) ( faster ) to ( take ) the ( train ). (実際、電車を使う方が速いです)

×trainの音ヒッカケ

× (B) The ( training ) program was ( successful ). (研修プログラムは成功しました)

×選択疑問文にYesはNG

指すものが不明の代名詞はNG

× (C) ( Yes ), ( it ) would be ( best ). (はい、それは最高でしょう)

【ナビクイズ】

San Diegoへの移動手段は、X案 (電車・バス) にすべきか、Y案 (自動車・飛行機) にすべきかを尋ねている。(X案・Y案) を言い換えて、(電車・バス・自動車・飛行機) を使う方がより (安い・速い) と伝える ((A)・(B)・(C)) が正解。選択疑問文に対するYes/Noを使った応答や、指すものが分からない代名詞は不適切。

**ナビクイズ問題 3** 🔊 08_9

【解こう】【聞こう】

―――冒頭の疑問詞をキャッチ　　　　　　　×案：ここ　　　　　　Y案：公園

( Where ) will we have the barbecue, ( here ) ( or ) at the ( park )?

(どこでバーベキューをしますか、ここですか、それとも公園ですか)

―――×barbecue の連想ヒッカケ　　場所情報ナシ

☒ (A) I'll ( buy ) some ( meat ). (私が肉を買います)

○Z案

☑ (B) I ( don't ) like ( either ) ( choice ). (どちらの選択肢も好きではありません)

―――×park の似た音ヒッカケ

☒ (C) I ( parked ) my ( car ) on the street. (私は通りに車を停めました)

【ナビクイズ】

冒頭の疑問詞を聞き取ろう。バーベキューの (時間・**場所**) を尋ねている。イントネーションから、X案が (**ここ**・今から)、Y案が (**公園**・5時) の選択疑問文だと分かる。X案とY案のどちら (でもよい・**も好きではない**) という (X案・Y案・**Z案**) で応答する ((A)・**(B)**・(C)) が正解。ヒッカケを消去すれば選びやすくなる。

---

**ナビクイズ問題 4** 🔊 08_10

【解こう】【聞こう】

―――冒頭の疑問詞をキャッチ　「文房具注文方法」　×案：電話　　　Y案：インターネット

( How ) do you ( order ) office ( stationery ), over the ( phone ) ( or ) ( online )?

(どのようにしてオフィス文具を注文しますか、電話ですか、それともインターネットですか)

―――×stationery の音ヒッカケ

☒ (A) The ( station ) is about five ( minutes ) from ( here ). (駅はここから約5分です)

―――×how ではなく、how often への応答

☒ (B) ( Once ) a ( month ). (月に1度です)

○Z案

☑ (C) It ( doesn't ) ( matter ). (どちらでも構いません)

【ナビクイズ】

冒頭の疑問詞から、(駅まで・**文房具**) の (距離・**注文方法**) を尋ねていると分かる。X案が (遠い・**電話**)、Y案が (近い・**ネット**) の選択疑問文だと分かる。X案とY案のどちら (**でもよい**・も好きではない) という (X案・Y案・**Z案**) で応答する ((A)・(B)・**(C)**) が正解。

STEP UP how は1語で「手段・様子」を尋ねる疑問詞だが、1語加わった how far は「距離」、how often は「頻度」を尋ねる質問になる。how の次も聞き取ろう。

ナビクイズ問題 1　🔊 09_5

【解こう】【聞こう】

notを取ってwill you come?「来る?」　　　「社員旅行に」＝提案
( Won't ) ( you ) ( come ) with us to the corporate ( retreat )? (社員旅行に一緒に来ませんか)

〇多忙を伝えて提案を断っている
◯ (A) I'll be ( busy ) on ( Saturday ) ( morning ). (土曜の午前中は忙しいのです)

×retreat の音ヒッカケ
✕ (B) It's my ( treat ). (私のおごりです)

×corporate の似た音ヒッカケ
✕ (C) I ( hope ) they ( cooperate ). (彼らが協力してくれるといいのですが)

【ナビクイズ】

notを取り、語順どおりに聞き取ろう。(会社の戦略を・社員旅行へ) 一緒に (来ませんか・完成させませんか) と勧誘している。(木曜日・土曜日) は忙しいと理由を伝えて提案を断っている ((A)・(B)・(C)) が正解。ヒッカケを選ばないように、まず設問を語順どおりに理解するのが大切。

ナビクイズ問題 2　🔊 09_6

【解こう】【聞こう】

語順どおりに　　「バン」　　　　　　　　　　　　「いい評判」　取って考える
The new ( van ) from Spartan Motors has a ( good ) ( reputation ), doesn't it?
(Spartan Motors社製の新しいトラックは評判がいいですよね)

〇いい評判に同意
◯ (A) I ( believe ) so. (そう思います)

＝いい評判　なのに　欠陥!?　矛盾するから×
✕ (B) ( Yes ), some ( defects ) were ( reported ). (はい、いくつかの欠陥が報告されています)

×good の音ヒッカケ
✕ (C) Some of the ( goods ) are ( on ) ( sale ). (製品のいくつかはセール中です)

【ナビクイズ】

付加疑問文の付加部doesn't it?は、答え選びに関係ないので取って考えよう。新しい (車・禁止規則) が (報告されている・評判が良い) と伝えている。(同意・反対) して、(そう思う・欠陥がある・売り出し中) と応答する ((A)・(B)・(C)) が正解。(Yes・No) の後ろに矛盾があるので ((A)・(B)・(C)) は不適切。

**ナビクイズ問題 3** 🔊 09_7

【解こう】【聞こう】

語順どおりに「会っていない」「Douglasさんに」「まだ」 ← 取って考える
You ( **haven't** ) ( **met** ) Mr. Douglas ( **yet** ), have you?
(Douglasさんにはまだ会っていませんよね)

＝会っていない なのに ← 頼りになった！？ 矛盾するから✕
☒ (A) ( **No** ), he was very ( **helpful** ). (いいえ、彼はとても頼りになりました)

＝会っていない 彼は休暇中だったから 矛盾しないから〇
☑ (B) ( **No** ), he was ( **on** ) ( **vacation** ) when I ( **started** ) ( **work** ).
(いいえ、私が働き始めたときに彼は休暇中でした)

✕会ったかどうか答えていない
☒ (C) I ( **hope** ) so. (そうだといいのですが)

【ナビクイズ】

「Douglasさんに (会いました・会っていません) よね」と伝えている。「～よね」にあたる have you?
は、答え選びに関係ないので取って考えよう。Yes は (会った・会っていない)、No は (会った・
会っていない) の意味だ。No の後ろに矛盾がある ((A)・(B)・(C)) は消去して、矛盾のない ((A)・(B)・
(C)) を選ぼう。

---

**ナビクイズ問題 4** 🔊 09_8

【解こう】【聞こう】

語順どおりに「送信した」 「社内文書」 「警備体制について」 取って考える
You ( **sent** ) ( **out** ) a ( **memo** ) about the new ( **security** ) ( **arrangements** ), right?
(新しい警備体制について社内文書を送信してくれましたよね)

✕関係ナシ security の連想ヒッカケ
☒ (A) New ( **locks** ). (新しい鍵です)

✕ arrangements の音ヒッカケ
☒ (B) The flower ( **arrangements** ) look ( **lovely** ). (そのフラワーアレンジメントはすてきですね)

〇「送信しました。その時間は昨晩」の意味
☑ (C) ( **Yesterday** ) evening. (昨晩に)

【ナビクイズ】

「(メンバーに・社内文書を) 送信してくれましたよね」と伝えている。「～よね」と同意を求める right?
は、答え選びに無関係なので取って考えよう。送信した (内容・時間) を答えることで、肯定の返答とな
る ((A)・(B)・(C)) が正解。大きく聞こえる名詞と動詞を聞き取って、語順どおりに問いかけの意味を
理解していこう。

136

## ナビクイズ ❿ 解答・解説

### ナビクイズ問題 1　◀)) 10_7

【解こう】【聞こう】

冒頭から内容をつかむ　「飛行機」　　「欠航」＝トラブル

My ( flight ) to Chicago has been ( canceled ).

(私の乗るChicago行きの飛行機はキャンセルになりました)

　　　　　　　　　　　○提案が解決の糸口　「確認すべき」　「航空会社」

◯ (A) You'd ( better ) ( check ) with the other ( airlines ). (他の航空会社を確認した方がいいですね)

　　　　　　　　×canceledの音ヒッカケ

✕ (B) We ( can't ) ( sell ) it. (売ることはできません)

✕欠航に反応ナシ　　　　　　　つながるよ

✕ (C) It's ( due ) ( in ) ( an ) ( hour ). (1時間後が締め切りです)

【ナビクイズ】

(電車・飛行機) が (遅れた・キャンセルになった) トラブルを述べている。解決に向けて、(can't・had better) という表現を用いて (アドバイスをする・感想を述べる) 選択肢 ((A)・(B)・(C)) が正解。語順どおりに聞き取って、トラブルの発生や報告している場面がイメージできれば答えを選びやすくなる。

### ナビクイズ問題 2　◀)) 10_8

【解こう】【聞こう】

冒頭から内容をつかむ　「小包」「届いた」　　「外出中」＝報告

Some ( parcels ) arrived for you while you ( were ) ( out ).

(あなたの外出中にあなた宛の小包がいくつか届きました)

　　　　　　　×were outの音ヒッカケ

✕ (A) They ( wear ) ( out ) fast. (それらはすぐに傷みます)

　　　　　　　○小包について自分の注文ではないという情報を追加

◯ (B) I ( didn't ) ( order ) anything. (何も注文していません)

　　　　　　　✕「メッセージを残す」人は登場しない　theyは不適切な代名詞　下降調に注意

✕ (C) Did ( they ) ( leave ) a ( message )? (彼らは伝言を残しましたか)

【ナビクイズ】

あなたの (運動中・外出中) に (小包・財布) が届いたと報告している。聞き手が届いた物に対して、自分が (落とした・注文した) のではないと状況を説明する選択肢 ((A)・(B)・(C)) が正解。似た音のヒッカケや文脈に合致しないちぐはぐな代名詞を含む選択肢は消去しよう。

ナビクイズ問題 3　🔊 10_9

【解こう】【聞こう】

冒頭から内容をつかむ　「食洗機」「付いている」「5年保証」＝報告

This dishwasher ( comes ) ( with ) a five-year ( warranty ).

(この食洗機は5年間の保証つきです)

×保証への反応ではない　schedule「シェジューゥ」

× (A) It's on ( schedule ). (予定どおりです)

＝warranty　○保証に反応したコメント

○ (B) It's quite ( large ), too. (それは手厚いですね)

×comes の音ヒッカケ

× (C) ( What ) ( time ) did it ( come )? (それはいつ来たのですか)

【ナビクイズ】

食洗機について5年 (前の商品が届いた・間の保証がついている) と述べていることから、商品購入時の (トラブル・報告) の状況をイメージしよう。聞き手が (トラブル・報告) に対して (配達・保証) に関する (質問を返す・感想を伝える) 選択肢 ((A)・(B)・(C)) が正解。

STEP UP (A)のscheduleはイギリス英語でシェジューゥと発音される。(B)のtooは、設問で述べられている保証の手厚さを肯定して「確かに」という意味を表している。


ナビクイズ問題 4　🔊 10_10

【解こう】【聞こう】

冒頭から内容をつかむ　「見た」「広告」「歩き回るツアー」＝報告　tour「トー」

I saw an ( advertisement ) for a walking ( tour ) of London.

(Londonを歩いて回るツアーの広告を見ました)

×tour の音ヒッカケ

× (A) That's ( too ) ( far ). (遠すぎます)

×walking の連想ヒッカケ

× (B) My ( feet ) are ( sore ), too. (私も足が痛いです)

＝advertisement　広告に反応した質問返し

○ (C) Did it ( look ) ( interesting )? (面白そうでしたか)

【ナビクイズ】

London (を歩き回るツアーの・へ歩いて行ける) (広告・アパート) を見たと報告している。見た物に対して (遠すぎる・面白そうでしたか) と (質問を返す・感想を伝える) 選択肢 ((A)・(B)・(C)) が正解。advertisementやtourはイギリス英語とアメリカ英語で発音が異なる。音読をして、イギリスの発音にも慣れておこう。

138

## ナビクイズ **11** 解答・解説

### ナビクイズ問題 1 🔊 11_5

【解こう】

×if you need any
assistance の assistance
と音ヒッカケ

Who most likely is the woman? (女性は誰だと考えられますか)

(A) An electrician (電気技師) ← ×女性は電気店の店員だが、electrician (電気技師) ではない

(B) A sales clerk (店員) ← ○❶❷ Holmes Electric (Holmes 電気) の店員

(C) A personal assistant (個人秘書)

(D) A hairstylist (美容師) ← ×電気店での会話なので違う

【聞こう】

W: ❶ Welcome to Holmes ( Electric ). ❷ Let me know if you need any ( assistance ).

M: Well actually, ❸ I'm looking for the new electric shaver from Daletech.

W: I'm afraid we've sold out of those. We're getting a new shipment in on Friday.

M: I see. Well, I'll come back on Friday, then. Can I ask you to hold one for me?

> 訳　W: Holmes Electric にようこそ。何かお手伝いが必要であればおっしゃってください。
> M: ええ、実は Daletech 社の新しい電気カミソリを探しています。
> W: それらは完売したと思います。金曜日に新しい入荷があります。
> M: そうですか。では、金曜日にまた伺います。私のために一つ取っておいていただけますか。

STEP UP I'm afraid はその後に悪いお知らせを言うというサインだよ。

【ナビクイズ】

「女性は誰だと考えられますか」という設問だ。❶冒頭で女性は「Holmes (電気・サロン) にようこそ」と述べてから、❷何か (お手伝い・注文) が必要ならばおっしゃってください、と述べている。❸男性はそこで新しい電気カミソリを探している。接客をしているので、この女性は、((A)・(B)・(C)・(D)) だと分かる。

### ナビクイズ問題 2 🔊 11_6

【解こう】

What are the speakers mainly discussing? (話し手たちは主に何について話していますか)

(A) Car maintenance (車の整備) ← ○ ❹ the repairs (修理) = car maintenance

(B) A rental service (レンタルサービス) ← ×車に関する話題だがレンタルではない

(C) Vacation plans (休暇の計画) ← ×旅行する計画は話題になっていない

(D) A business trip (出張) ← ×出張の話題は出ていない

【聞こう】

W: Mr. Gains. ❶ I've just taken a look at your ( vehicle ), and ❷ I've found a few things ( wrong ) — other than the tires.

M: I hope it won't be too expensive.

W: It shouldn't be too bad, but you'll have to leave it with us for the rest of the day. ❸ We need to order some ( parts ). All up, ❹ the ( repairs ) shouldn't cost more than two hundred dollars.

**訳** W: Gainsさん、ちょうどあなたの車の検査を終えて、いくつか不具合を見つけました。—タイヤ以外に。

M: 高すぎないといいけれど。

W: そんなに悪くないはずですが、今日は車を私たちのところに置いていっていただく必要があります。いくつか部品を注文する必要があるんです。全部合計しても修理には200ドル以上はかからないと思います。

【ナビクイズ】

「話し手たちは主に何について話し合っていますか」という設問だ。❶冒頭で女性は、(車・旅程) を検査して ❷(良い点・悪い点) を見つけたと言っている。❸女性はいくつかの (サービス・部品) を注文する必要があると述べている。❹最後のセリフに (出張・修理) という単語があるので、これらのキーワードから ((A)・(B)・(C)・(D)) が正解だと分かる。

## ナビクイズ 12 解答・解説

### ナビクイズ問題 1  🔊 12_6

【解こう】

Why is the man disappointed? (男性はなぜがっかりしていますか)

(A) Breakfast is not included.  ✕冒頭の女性のセリフで、男性は朝食付きシングル部屋の予約があると分かる
(朝食が含まれていない)

(B) A fishing tour has been canceled.  ✕述べられていない
(釣りツアーがキャンセルされた)

(C) His room does not face the lake.  ○男性は❶残念だと述べた後、❷湖の景色をとても期待していたと述べ
(彼の部屋は湖に面していない)  ている

(D) His room is too small.  ✕彼は部屋の大きさについては述べていない
(彼の部屋は小さすぎる)

【聞こう】

W: Thank you for waiting, Mr. Wang. You have a ( reservation ) for a ( single ) ( room ) with breakfast tomorrow morning. Is that right?

M: That's right. May I have a room with a ( view ) of the lake?

W: I'm ( afraid ) that all the single rooms facing the lake are ( occupied ).

M: ❶ Oh, that's too ( bad ). ❷ I was really ( looking ) forward to having a view of the lake.

W: If you don't ( mind ) spending an additional $50, I could ( offer ) you a twin room. It is on the lake side, and it's much more spacious.

**訳** W: Wangさん、お待たせいたしました。シングルのお部屋で明日の朝食付きのご予約ですね。

M: そうです。湖の見える部屋をお願いできますか。

W: 残念ながら、湖に面した全てのシングルルームは埋まっています。

M: ああ、それは残念です。私は湖の眺めを見ることをとても楽しみにしていたのです。

W: もし50ドル追加でお支払いいただければ、ツインルームをご提供することができます。そのお部屋は湖側で、もっとずっと広々としています。

【ナビクイズ】

「男性はなぜがっかりしていますか」という設問だ。男性の、❶ (それは残念だ・それは仕方がない) という発言の後を聞こう。❷湖の眺めを見ることをとても楽しみにしていた、と述べている。つまり男性ががっかりしている理由は❷ができないということなので、正解は ((A)・(B)・(C)・(D))。

ナビクイズ問題 2　🔊 12_7

【解こう】

What does the man ask about? (男性は何について聞いていますか)

(A) Menu options (メニューの選択肢)　○❶what kind of food do they serve?でメニューについて尋ねている

(B) Parking availability (駐車場の空き具合)　×仕事の後タクシーで行こうと述べている

(C) Business hours (営業時間)　×予約時間は述べられているが、営業時間は述べられていない

(D) Seating availability (座席の空き具合)　×述べられていない

【聞こう】

W: I've made a ( dinner ) ( reservation ) for us at Pullman's. It's for 7:00 P.M.

M: ❶What kind of ( food ) do they serve?

W: It's modern cuisine. They have a large ( vegetarian ) menu. Mr. Tanaka's a

　( vegetarian ), so it seemed like a good choice.

M: That's fair enough. We're celebrating his ( retirement ). Let's take a taxi after work.

**訳**　W: Pullman'sに夕食の予約をしました。午後7時です。

M: どんな食事が出るのですか。

W: 現代的な料理です。多くのベジタリアンのメニューがあります。Tanakaさんはベジタリアンなので、いい選択だと思います。

M: なるほどね。彼の退職のお祝いですものね。仕事の後タクシーで行きましょう。

【ナビクイズ】

「男性は何について聞いていますか」という設問だ。男性が話すセリフの内容を聞き取ろう。❶男性はどんな (食べ物・サービス) が供されるのかと聞いている。正解はそれを言い換えた ((A)・(B)・(C)・(D))。

【解こう】

What does the woman offer to do? (女性は何をすると申し出ていますか)

(A) Cancel an order (注文をキャンセルする) ✕述べていない

(B) Consult with a supervisor (上司に相談する) ◯❶ check=consult、manager=supervisor

(C) Provide a refund (払い戻す) ✕述べていない

(D) Arrange free membership (無料の会員権を手配する) ✕述べていない

【聞こう】

W: If you order today, we can deliver the refrigerator to your home by, umm... tomorrow afternoon.

M: Great. I received this ( coupon ) for five percent off in the mail. Is it still ( valid )?

W: ( Unfortunately ), it's ( expired ). ❶If you like, I ( could ) ( check ) with the manager to see if we can still ( honor ) it.

M: Please do. If you can't, I'll have to take one of the cheaper models.

> **訳**
> W: もし今日注文していただければ、冷蔵庫をお宅に、えっと、明日の午後までにお届けできます。
> M: よかった。郵便でこの5%引きのクーポンを受け取りました。まだ有効ですか。
> W: 残念ながら、期限が切れています。もしよろしければ、責任者にそのクーポンがまだ適用できるか確認してみましょうか。
> M: そうしてください。もしできなければ、私は安い方の型の冷蔵庫にしなければいけません。

【ナビクイズ】

「女性は何をすると申し出ていますか」という設問。女性が話すセリフの中にヒントがある。❶申し出の表現 "If you like, I could ~"の後を聞こう。女性は、(会員権・割引券) を (引き受けられる・発行できる) かどうか責任者に (確かめる・頼む) と述べている。よって正解は❶を言い換えた ((A)・(B)・(C)・(D))。

STEP UP ❶I could ~ は過去の意味ではなく、丁寧な申し出の表現だ。「～しましょうか」という意味になる。ここでは「上司に確認してみましょうか」という申し出を表す。

**ナビクイズ問題 2** 🔊 13_6

【解こう】

What does the woman suggest doing?（女性は何をするように提案していますか）

(A) Getting assistance from an accountant（会計士から助けを得る）

　○ ❶ have your accountant communicate

(B) Hiring additional employees（追加の従業員を雇う）

　×述べられていない

(C) Looking for new premises（新しい店舗を探す）

　×不動産屋での会話だが、店舗を探しているわけではない

(D) Enrolling in a college course（大学のコースに登録する）　×述べられていない

【聞こう】

W: Thanks for coming in, Mr. Thompson. I understand that you would like to ( negotiate ) with the ( landlord ) to have your ( rent ) lowered.

M: That's right. Sales have been dropping off and we can't keep paying the same amount.

W: ❶I ( recommend ) having your ( accountant ) communicate with the ( landlord ) to explain the situation.

M: I see. Should she call your office, or the landlord directly?

| 訳 | W: Thompsonさん、お越しいただいてありがとうございます。あなたは大家と賃貸料を安くする交渉をなさりたいのですよね。 |
|---|---|
| | M: そのとおりです。売り上げが下がっていて、同じ額を払い続けられないのです。 |
| | W: あなたの会計士に、大家に連絡をして状況を説明してもらうことをお勧めします。 |
| | M: 分かりました。彼女はあなたの事務所に電話すべきですか、あるいは大家に直接電話すべきでしょうか。 |

【ナビクイズ】

「女性は何をするように提案していますか」という設問。女性のセリフの中にヒントがある。提案の表現 recommend の後に述べられることを聞き取ろう。❶女性は男性の (会計士・部下) に、(管理人・大家) に連絡して状況を説明してもらうように勧めているので、❶を言い換えた ((A)・(B)・(C)・(D)) が正解。

**STEP UP** ❶ have your accountant communicate は、「使役動詞 have ＋人＋動詞の原形」で、「人に〜してもらう」という意味を表す。recommend は動名詞が続くので、I recommend having your accountant communicate で、「あなたの会計士に連絡を取ってもらうことをお勧めする」という意味になり、それを言い換えた「会計士から援助を得る」が正解となる。

【解こう】

Why does the man say, "I couldn't be better"?（男性はなぜ "I couldn't be better" と言っていますか）

(A) He is feeling very well.（彼はとても気分がいい）　○ ❶ ❸ 体調を聞かれて答えているのでOK

(B) He tried his hardest.（彼は最善を尽くした）　✕ プレゼンテーションをしたのは女性

(C) He did not have any training.（彼は全く訓練をしなかった）　✕ 述べられていない

(D) He has heard some good news.（彼はいいニュースを聞いた）　✕ 述べられていない

【聞こう】

W: ❶( How ) are you feeling today, Jack? ❷I noticed you ( left ) early yesterday afternoon.

M: ❸I couldn't be better. I just had an ( appointment ) to meet with a real estate agent.

　　How did your presentation go? I'm sorry I couldn't be there.

W: I wish I'd rehearsed a little more, but I think it went OK. The clients said they'd get

　　back to us by Friday.

M: I'm sure they'll accept our bid.

> 訳　W: 今日の調子はどうですか、Jack。昨日の午後あなたが早退したのに気づきました。
> M: 絶好調です。不動産屋に会う約束があっただけなんです。あなたのプレゼンテーションはどうでしたか。そこにいられなくて残念です。
> W: もう少しリハーサルをしておけばよかったと思います。でも大丈夫だったと思います。顧客は金曜日までに私たちに返事をくれると言っていました。
> M: 彼らはきっと私たちの入札を受け入れてくれると思います。

【ナビクイズ】

「男性はなぜ "I couldn't be better" と言っていますか」という設問だ。❶冒頭で女性はJackの体調を聞いている。❷昨日の午後Jackは早く (来社・⦅退社⦆) したのに気づいたと述べている。女性は、Jackの体調が悪かったのではと心配していることが分かる。❸I couldn't be better. は (これ以上悪いことはあり得ない・⦅これ以上いいことはあり得ない⦆) ということを表すフレーズで、(最悪だ・⦅絶好調だ⦆) という意味だ。体調を聞かれてすぐ答えているので、(⦅とても気分がいい⦆・仕事がうまくいっている) という意図で述べられている。よって正解は (⦅(A)⦆・(B)・(C)・(D)) だと分かる。

ナビクイズ **15** 解答・解説

ナビクイズ問題 1　🔊 15_5

【解こう】

Look at the graphic. Which flight will the man most likely take?
(図を見てください。男性はどのフライトに乗ると考えられますか)

(A) HY737 　〇❷午後3時40分発　❸Sacramento行き

(B) LK742 　×午後3時50分発　　Cloverfield行き

(C) JI839 　×午後5時20分発　　Sacramento行き　行先は同じだが出発時刻が違う

(D) CT382 　×午後5時40分発　　Cloverfield行き

| Flight Number (便名) | Destination (行き先) | Departure (出発) |
|---|---|---|
| HY737 | For Sacramento | 3:40 P.M. |
| LK742 | For Cloverfield | 3:50 P.M. |
| JI839 | For Sacramento | 5:20 P.M. |
| CT382 | For Cloverfield | 5:40 P.M. |

【聞こう】

W: ❶ Which ( flight ) are you taking this afternoon?

M: I'm not sure. ❷ It leaves at ( 3:40 ). It's a nonstop flight, ❸ so I'll arrive in ( Sacramento ) at 5:30. Ms. Ohara has agreed to pick me up from the airport.

W: How are you getting to the airport from here, though? I was going to offer to take you.

M: That won't be necessary. I've reserved a seat on the airport shuttle bus. It leaves from White Street at 1:00.

> 訳　W: 今日の午後、どのフライトに乗るのですか。
> M: よく分からないのです。3時40分出発です。直行便なのでSacramentoに5時30分に到着します。Oharaさんが空港から私を乗せていってくれる予定です。
> W: でも、どうやってここから空港に行くのですか。あなたを乗せて行くことを申し出ようと思っていたのですが。
> M: それは必要ありません。空港のシャトルバスの席を予約しました。White Streetから1時に出発します。

【ナビクイズ】

「図を見てください。男性はどのフライトに乗ると考えられますか」という設問だ。選択肢と図で共通なのは (便名・行先) なので、それ以外の情報が会話の中で述べられると分かる。❶女性が今日の午後のどの (フライト・電車) に乗るのか、と尋ねているのに対して、❷男性は午後 (3時40分・3時50分) 発の ❸ (Cloverfield・Sacramento) 行きの直行便に乗る予定だと述べている。聞き取った情報から、図の (Departure・Flight Number) の欄を見て、該当する便の (Departure・Flight Number) を選べばよい。正解は ((A)・(B)・(C)・(D)) だ。

【解こう】

1. What are the speakers mainly discussing? (話し手たちは主に何について話していますか)

   (A) A farewell party (送別会) ○ ❶Coleman さんの送別会

   (B) A dinner menu (ディナーのメニュー) ×ディナーを予約したが、話題はメニューについてではない

   (C) An advertising campaign (広告キャンペーン) ×述べられていない

   (D) A new employee (新しい従業員) ×述べられていない

2. What will happen tomorrow night? (明日の夜には何が起こりますか)

   (A) A team of athletes will visit the hotel. (運動選手のチームがホテルを訪れる) ○ ❺ホテルに宿泊する

   (B) A new product will go on sale. (新しい製品が発売される) ×述べられていない

   (C) A television advertisement will be broadcast. (テレビの宣伝が放送される) ×述べられていない

   (D) An award will be presented. (賞が授与される) ×述べられていない

3. What will the woman probably do next? (女性はおそらく次に何をしますか)

   (A) Prepare a speech (講演を準備する) ×述べられていない

   (B) Order some ingredients (食材を注文する) ×述べられていない

   (C) Purchase some tickets (チケットを購入する) ×述べられていない

   (D) Call a restaurant (レストランに電話する) ○ ❻予約を変えるためにレストランに電話する

【聞こう】

W: ❶Mr. Coleman's ( farewell ) party is tomorrow evening. ❷I've ( reserved ) a table at Spargo's. ❸I told them we'd be bringing 22 people.

M: ❹There will only be about 16 of us. A few people had to cancel.

W: Oh. ❺They must be needed here at the ( hotel ) because we're ( providing ) accommodation for that ( football ) team.

M: Right. ❻You'd ( better ) ( change ) that dinner booking as soon as possible.

> **訳** W: Coleman さんのお別れパーティーは明日の夕方ですね。私は Spargo's でテーブル席を予約しました。22人が来る予定だと伝えています。
> M: 約16人だけになりそうですよ。数人はキャンセルしなければなりませんでした。
> W: ああ、あのフットボールチームに宿を提供するから、彼らはここのホテルにいなければいけないんですね。
> M: そうです。できるだけ早くそのディナーの予約を変えた方がいいですよ。

【ナビクイズ】

1.「話し手たちは主に何について話していますか」という設問。概要問題なのでヒントは複数カ所で述べられる。❶冒頭で女性がColemanさんの (送別会・歓迎会) は明日の夕方だと言っている。❷Spargo's でテーブルを (予約した・キャンセルした) と述べている。話題になっているのは ((A)・(B)・(C)・(D)) だ。

2.「明日の夜には何が起こりますか」という設問。詳細問題なのでヒントは (1カ所・複数カ所) で述べられる。先読みの際に選択肢が長くて意味を把握しにくい場合は、冒頭の名詞だけでも縦にさっと目を通しておくと解きやすくなる。❸女性はレストランに22人の予約をしたが、❹男性によると約16人になったと述べている。なぜならば、❺(歌唱団・フットボールチーム) に宿を (提供する・勧める) ので、彼らはこの (会社・ホテル) にいなくてはいけないからだ。彼らは (会社・ホテル) に勤務していると分かる。つまり正解は❺を言い換えた ((A)・(B)・(C)・(D)) だ。

**STEP UP** football team (フットボールチーム) = A team of athletes (運動選手のチーム)

3.「女性はおそらく次に何をしますか」という設問。会話の最後の方に答えがある。❻男性が女性に、You'd better ~「～した方がよい」と述べている。これは提案のサインだ。男性は、できるだけ早く予約を (入れる・変える) 方がいいと述べている。女性がその提案を受けて次にする行動は、(レストランに電話をする・チケットを購入する) ことなので、正解は ((A)・(B)・(C)・(D)) だと分かる。この設問は、男性の女性に対する提案の中に女性の次の行動のヒントがあるパターンだ。

**ナビクイズ 17 解答・解説**

**ナビクイズ問題 1** 🔊 17_6

【解こう】

1. What is being advertised? (何が宣伝されていますか)

(A) An automobile (自動車) ○ ❷Sports car の言い換え

(C) A video game (ビデオゲーム) ✕述べられていない

(B) A computer (コンピューター) ✕述べられていない

(D) A clothing store (服屋) ✕述べられていない

2. What does the speaker say about the VFC? (話し手はVFCに関して何を言っていますか)

(A) It has won an award. (賞を取った) ✕述べられていない

(B) It will be launched very soon. (まもなく発売される) ✕もう世界中から好意的なレビューを得ている

(C) It is relatively inexpensive. (比較的安い) ○ ❹priced very competitively の言い換え

(D) It is likely to sell out. (売り切れるかもしれない) ✕述べられていない

3. What can listeners receive? (聞き手は何を受け取ることができますか)

(A) A discount on a piece of clothing (服の割引) ×述べられていない

(B) A ticket to a sporting event (スポーツイベントのチケット) ○ ❻Mt. Harrison 500 touring car race のチケット

(C) An invitation to a launch party (発売パーティーの招待状) ×述べられていない

(D) A chance to meet a celebrity (有名人に会う機会) ×述べられていない

【聞こう】
説明文の種類⇒ここを聞き取る

**Questions 1 through 3 refer to the following advertisement.**
冒頭で聞き手の関心をキャッチ　　　　広告　　　　宣伝したい商品の紹介

❶ Are you looking for an exciting ( sports ) ( car ) that you can drive every day? ❷ The VFC
～をお探しですか

is Hardy Motors' newest ( sports ) ( car ) and it's getting positive reviews from ( automotive )
最新のスポーツカー　　　　　好意的なレビューを得ている　　　自動車関連の

writers around the world. A traditional weakness of sports cars is that they are ill-suited to
記者　　　世界中の　　　一般的なスポーツカーの弱点、　　　　　　　　不向きな

特徴を述べる⇒2つある　特徴1：モードを切り替え

daily driving because of their poor fuel economy. ❸ The VFC allows drivers to switch
日常のドライブには　　　　　燃費の悪さ　　　VFCはドライバーに切り替えを許す⇒ドライバーは
られる

between sports mode and a daily driving mode, which uses around 30 percent less fuel.
切り替えられる　　　　　　　　　　　　約30%少ない燃料を使う⇒燃費がいい

特徴2：価格⇒設問2で問われている

This makes it the perfect car for weekdays and weekends. ❹ The car itself is priced very
この機能がVFCを完璧な車にする　　週日と週末のために　　車それ自体とても競争力のあるように値付け

( competitively ). It is only $37,000. ❺ This is $6,000 ( less ) than its main rival, the Scorpion.
されている　　　　　　　　　6000ドル安い　　　主なライバル車の Scorpion

お得情報⇒設問3で問われている

Visit your nearest Hardy Motor's dealership today, and take a test drive. ❻( Mention )
一番近い　　　　　特約販売店　　　　　　　　　　　～を話に出す

hearing this advertisement and ( get ) a free ( ticket ) to attend this year's Mt. Harrison 500
この広告を聞いたと　　　無料チケットをもらう

touring ( car ) ( race ) on June 3.

訳　あなたは毎日運転できるわくわくするようなスポーツカーをお探しですか。VFCは Hardy Motors 社の一番新しいスポーツカーで、世界中の自動車関連の記者から好意的なレビューを得ています。スポーツカーの伝統的な弱点は、燃費の悪さのせいで日常のドライブには不向きなことです。VFCはスポーツモードと、約30%の燃料を節約する日常のドライビングモードを切り替えることができます。これによってこの車は週日にも週末にも完璧な車となります。この車自体、とても低価格で、たったの37,000ドルです。これは、主なライバル車のScorpionと比べると6,000ドル安いのです。あなたのお近くの Hardy Motors の特約販売店を本日訪ねて、テストドライブをしてみてください。この広告を聞いたと言えば、6月3日に行われる今年の Mt. Harrison 500 ツーリングカーレースを観覧するための無料チケットをもらうことができます。

【ナビクイズ】

1. 「何が宣伝されていますか」という設問なので、冒頭に注意しよう。ヒントは (複数カ所)・1カ所) にある。まず❶あなたはわくわくするような (コンピューター・スポーツカー) を探していますかという問いかけがある。そして❷VFCは Hardy Motors 社の最新の (コンピューター・スポーツカー) で、

それは世界中の (コンピューター・(自動車)) 関連の記者から好意的な評価を得ていると述べている。正解はこれらを言い換えた ((A)・(B)・(C)・(D)) だ。

2. 「話し手はVFCに関して何を言っていますか」という設問。商品の特徴を聞き取ろう。❸ VFCはスポーツモードと日常モードを切り替えられて、❹ とても ((競争力があるように)・高く) 値付けされていると述べられている。❺ 主なライバルのScorpionより6,000ドル ((安い)・高い) と述べている。正解はそれを言い換えた ((A)・(B)・(C)・(D)) だ。

3. 「聞き手は何を受け取ることができますか」という設問だ。お得情報に関する詳細問題なので、((1カ所)・複数カ所) で述べられる。❻ この広告を聞いたと言うと無料の (ランチパーティー招待券・(ツーリングカーレースチケット)) がもらえると述べている。正解はそれを言い換えた ((A)・(B)・(C)・(D)) だ。

---

## ナビクイズ ⑱ 解答・解説

### ナビクイズ問題 1　🔊 18_5

【解こう】

1. Who are the listeners?（聞き手は誰ですか）
   - (A) Amusement park employees（遊園地の従業員）　○ ❶❷❹ the staff of wild world
   - (B) Bus drivers（バスの運転手）　×バス運転手もカフェテリアを使えるが聞き手ではない
   - (C) Travel agents（旅行案内業者）　×ツアーガイドもカフェテリアを使えるが聞き手ではない
   - (D) College employees（大学職員）　×述べられていない

2. What time does the cafeteria open?（カフェテリアは何時に開きますか）
   - (A) At 10:30 A.M.　×述べられていない
   - (B) At 11:00 A.M.　○ ❸営業は 11:00 A.M.～1:30 P.M.
   - (C) At 11:30 A.M.　×述べられていない
   - (D) At 12:00 NOON　×述べられていない

3. How can employees get a discount?（従業員はどのように割引を得られますか）
   - (A) By buying a meal coupon（食事割引券を買うことによって）　×述べられていない
   - (B) By wearing their employee badge（社員バッジをつけることによって）　○ ❺ identification badge
   - (C) By ordering in advance（事前に注文することによって）　×述べられていない
   - (D) By working in the evenings（夕方働くことによって）　×述べられていない

説明文の種類⇒ここを聞き取ろう

【聞こう】

**Questions 1 through 3 refer to the following announcement.**

挨拶⇒お知らせを言う前に注目を集める　　　　　　　　　　　　　　　お知らせ

Good morning everyone. ❶ We only have a few minutes before the ( park ) opens, so I just

2、3分しかない

want to explain one thing really quickly. ❷ We've built a new cafeteria for the ( staff ) of Wild

説明する ひとつのこと　　　　　　　　　　建設した　新しいカフェテリアを 従業員のために

詳細情報　　　　　　　　　　　　　　　　　　　　　　　Pleaseの後は聞き手への依頼

World. ❸ It will be open between ( 11:00 ) A.M. and 1:30 P.M. every day. Please understand

理解してほしい

that we're allowing tour guides and bus drivers who bring visitors to the park to use the

許可する ツアーガイドやバス運転手　　客を連れてくる　allow人to ~ 人に~することを

設問3のキーワード　Pleaseの後は聞き手への依頼

cafeteria, too. ❹ Naturally, park ( employees ) can get special discounts. ❺ ( Please )

許可する　　　　　もちろん　　　　　　　　　　　　　特別割引

( allow ) cafeteria staff to scan the IC code on your ( identification ) ( badge ) when you

allow 人 to ~ 人に~することを許可する　　　　　　　　　身分証明書　　　バッジ

place your ( order ).

注文をするとき

**訳** 皆さん、おはようございます。パークの開園までに2、3分しかありませんので、素早くひとつのことだけご説明したいと思います。Wild Worldのスタッフのために新しいカフェテリアを建てました。それは午前11時から午後1時30分まで毎日営業します。パークに客を連れてくるツアーガイドやバス運転手の皆さんにもカフェテリアの利用を許可することをご理解ください。もちろん、パークの従業員は特別割引を受けられます。注文をするときに、身分証明のバッジのICコードを、カフェテリアのスタッフにスキャンしてもらってください。

【ナビクイズ】

1. 「聞き手は誰ですか」という設問。概要問題なのでヒントは (複数カ所・1カ所) にある。❶ (遊園地・劇場) が開くまで2、3分しかないと述べている。❷Wild Worldの (運転手・スタッフ) のために新しいカフェテリアを建てたと述べている。❹パークの (従業員・旅行業者) は特別割引を得られると述べている。これらのキーワードから正解は ((A)・(B)・(C)・(D))。

2. 「カフェテリアは何時に開きますか」という設問。詳細を問う問題のヒントは (複数カ所・1カ所) で述べられる。❸それは (午前10時30分・午前11時) から午後1時30分の間営業すると述べている。正解は ((A)・(B)・(C)・(D))。

3. 「従業員はどのように割引を得られますか」という設問。❹で特別割引に関して述べているので、その後を聞き取ろう。❺ (Please・Excuse me) の次に述べられる。(注文をするとき・食券を買うとき) に (身分証明のバッジ・割引券) のICコードをスキャンしてもらうように述べている。正解は ((A)・(B)・(C)・(D))。

## ナビクイズ ⑲ 解答・解説

**ナビクイズ問題 1** 🔊 19_6

【解こう】

1. Where does the speaker most likely work? (話し手はどこで働いていると考えられますか)

   (A) At a car rental company (レンタカー会社) ○ ❷「あなたが私たちから借りる予定の車」⇒レンタカー会社

   (B) At a ferry service (フェリーサービス) ×述べられていない

   (C) At an advertising agency (広告代理店) ×述べられていない

   (D) At a research institute (研究機関) ×述べられていない

2. What does the speaker mean when he says, "I realize it's the day before"?
   (話し手が "I realize it's the day before" と言っているのはどういう意味ですか)

   (A) He found a mistake in the schedule. (彼は日程に間違いを見つけた) ×述べられていない

   (B) A client will arrive early. (顧客は早く到着するだろう) ×述べられていない

   (C) Some news has been announced late. (ニュースは遅くに知らされた) ○ ❺❻前日⇒知らせるのが遅い

   (D) He has missed a deadline. (彼は締め切りを逃した) ×述べられていない

3. According to the message, why might Mr. Cash return the call?
   (メッセージによるとCashさんはなぜ折り返し電話をする可能性があるでしょうか)

   (A) To provide a discount code (割引のコードを提供するため) ×述べられていない

   (B) To reject a proposal (提案を却下するため) ○ ❼「もしこの解決策が受け入れられなければ知らせてください」

   (C) To introduce a colleague (同僚を紹介するため) ×述べられていない

   (D) To suggest a meeting location (会議の場所を提案するため) ×述べられていない

【聞こう】

説明文の種類⇒ここを聞き取る

**Questions 1 through 3 refer to the following telephone message.**

留守番電話のメッセージ

相手に挨拶　　　　話し手の名前と勤務先　　　　電話の用件
Hi, Mr. Cash. ❶ It's Kerry Whitley from WCR. ❷ I'm just ( calling ) to discuss the ( vehicle )
　　　　　　　　　　　　　　　　　　　　　　　　　　　　　～を話し合う　　　　　車

　　　　　　　　　　　　　　　　　　　　　　用件の詳細
you will be ( renting ) from us tomorrow morning. ❸ You ordered a compact car, and
　　借りようとしている　　　　　　　　　　　　　　　頼んだ　　　小型車
問題発生　　　　　　　　　　　　　　　　　　　　　　　問題の解決策提案
( unfortunately ), we don't have any available at this time. ❹ ( Therefore ), I would like
残念なことに　　　　利用可能な車がない　　　　現時点は　　それゆえに

to offer you a midsized vehicle at no additional cost. ❺ I realize it's the day before.
　提供する　　　中型車　　　　追加の　　費用　　　　理解する　　　　前日

❻ You don't have much ( time ) to consider the situation.
　　　　　時間が十分ない　　　　　考慮する

聞き手への依頼
❼ ( Please ) let me know if this ( solution ) is ( unacceptable ) to you for any reason.
　　知らせてください　　　　　　　　　解決策　　　　　受け入れられない　　　　　何かの理由で

**訳** こんにちは、Cashさん。WCRのKerry Whitleyです。明日の朝あなたが借りるご予定の車についてお話しするために電話をしています。あなたは小型車をご要望でしたが、残念なことに、現時点では利用可能な車がないのです。ですから、追加の費用なしで、中型車をご提供したいと思います。今日は前日ですね。状況を考慮する時間が十分ないと思います。何らかの理由で、この解決策が受け入れられない場合はお知らせください。

【ナビクイズ】

1. 「話し手はどこで働いていると考えられますか」という設問。概要問題のヒントは (複数カ所・1カ所) にある。❶話し手はWCR社のKerry Whitleyだと述べているが、WCRが何か分からない。次を聞こう。❷話し手は明日の朝あなたが私たちから借りる (機材・車) に関して話したいと述べている。❸小型車がないので❹中型車を提供したいと述べている。これら複数のヒントから、正解は ((A)・(B)・(C)・(D)) だと分かる。

2. 「話し手が "I realize it's the day before" と言っているのはどういう意味ですか」という設問。これは意図問題だ。❺"I realize it's the day before"の後、❻あなたは状況を考慮する (時間・計画) があまりないと述べている。正解はそれを言い換えた ((A)・(B)・(C)・(D)) だ。

3. 「メッセージによるとCashさんはなぜ折り返し電話をする可能性があるでしょうか」という設問だ。詳細問題のヒントは1カ所で述べられる。❼Please let me know if ~の後を聞こう。もしこの (結果・解決策) が何かの理由で (受け入れられる・受け入れられない) 場合はお知らせください、と述べている。正解はそれを言い換えた ((A)・(B)・(C)・(D)) だ。

## ナビクイズ 20 解答・解説

### ナビクイズ問題 1　🔊 20_5

【解こう】

1. What type of business does the speaker probably work for?
   (話し手はおそらくどんな企業で働いていますか)

   (A) A golf club (ゴルフクラブ)　○ ❶ course, ❷ clubhouse, ❸ games などから

   (B) A sporting goods store (スポーツ用品店)　×雨のときはキャンセルする人が多い、という記述に合わない

   (C) A restaurant (レストラン)　×記述に合わない

   (D) A college (大学)　×記述に合わない

2. Look at the graphic. When will the work most likely occur?
   (図を見てください。その工事はいつ行われると考えられますか)

   (A) In September (9月)　×雨が少ない

   (B) In October (10月)　○ ❸ 雨が一番多い→ゲームする人が少ない

   (C) In November (11月)　×雨は10月ほど多くない　→影響が少ない

   (D) In December (12月)　×雨は10月ほど多くない

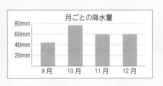

月ごとの降水量

3. What will the listeners do next? (聞き手は次に何をしますか)

   (A) Discuss a rule (規則を話し合う)　×述べられていない

   (B) Suggest venues (場所を提案する)　×述べられていない

   (C) Choose a color scheme (配色を選ぶ)　○ ❹ 先週配色を見せた→ ❺ 今回は投票で配色を選ぶ

   (D) Consider an application (申し込みを検討する)　×述べられていない

【聞こう】

説明文の種類⇒ここを聞き取る

**Questions 1 through 3 refer to the following excerpt from a meeting and graph.**

会議のテーマ　　　　　　　　　　　　　会議からの抜粋

❶ I've been considering when we should schedule the upgrades to the ( course's )
　　考えている　　　　　いつ予定すべきか　　アップグレードを
　　　詳細情報1：理由　　　　　　　　　　　　　　詳細情報2：時期の選定

facilities. ❷ The ( clubhouse ) is starting to look a little dated. Naturally, it's important to
　設備　　　　　　　　　　　　　　時代遅れの　当然ながら

do it when we're least busy. I found this graph online. It shows the local ( rainfall )
　　　　一番忙しくない時　　　　　　　　　　　　　降水量

by month. ❸ Many players ( cancel ) their games when it ( rains ), ( so ) I think this would
　月ごとの　　　　ゲームをキャンセルする　　　　雨のとき　　　これが〜のとき

be when the construction work would make the ( least ) impact on our business.
　　　　　工事　　　　　　　　最も影響を与えない　　　ビジネスに

❹Last week, I showed you some of the color schemes that the interior decorator suggested.
これからすること　　　　　　　　　　　　配色　　　　　　　　インテリアデザイナーが薦めた
❺This time, I'd ( like ) to ( vote ) on which one we go with.
　　　　　　　　　投票で選ぶ　　　　どれでいくか

訳　コースの設備のアップグレードをいつ予定すべきか考えているところです。クラブハウスは少々時代遅れのように見え始めています。当然ながら、アップグレードは一番忙しくないときにする必要があります。オンラインでこのグラフを見つけました。これは月ごとのこの地域の降水量を示しています。多くのプレイヤーは雨のときにゲームをキャンセルしますから、この時が一番、建設工事が私たちのビジネスに影響を及ぼさないと思います。先週、インテリアデザイナーが薦めた配色のいくつかを皆さんにお見せしました。今回は、どの配色でいくか投票で選びたいと思います。

【ナビクイズ】

1. 「話し手はおそらくどんな企業で働いていますか」という設問。ヒントは複数ある。❶話し手は (コース・店内) 設備のアップグレードの日程を考えていると述べている。❷(クラブハウス・オフィス) は時代遅れのように見え始めたと述べている。そして❸多くのプレーヤーは (雨・晴れ) のときはゲームを (行う・キャンセルする) と述べている。これらの情報から正解は ((A)・(B)・(C)・(D)) だ。消去法でも解答できる。

2. 「図を見てください。その工事はいつ行われると考えられますか」という設問。グラフィック問題だ。図は月ごとの (積雪量・降水量) を表す。まず選択肢と図の共通項を探そう。図の横軸にある月と選択肢が同じだ。つまり、縦軸の項目によって判断する。❸プレーヤーは (雨・晴れ) だとゲームを (行う・キャンセルする) ので、(最も多く・最も少なく) ビジネスに影響する月を選ぶのが良いと述べている。(so・because) の後を聞き取ろう。一番プレーヤーが少ないであろう月は図から ((A)・(B)・(C)・(D)) だと分かる。

3. 「聞き手は次に何をしますか」という設問だ。次の行動は最後に述べられる。❹先週はインテリアデザイナーが薦めた配色を見せたので、❺今度はそれについて (投票で選びたい・話し合いたい) と述べている。I'd like to ~ は「~したい」というこれからの希望を表すのでこの後を聞き取ろう。正解はこの部分を言い換えた ((A)・(B)・(C)・(D)) だ。

# TOEIC Listening
# MINI TEST

## 解答・解説

**1.** 🔊 21_1

(A) A woman is preparing some food.
×準備していない
（女性が食べ物を準備している）

(B) A woman is pushing a cart.
○女性の動作と一致
（女性がカートを押している）

(C) A woman is paying for a product.
×払っていない
（女性が製品の支払いをしている）

(D) A woman is loading groceries into a car.
×積み込んでいない
（女性が車に食料雑貨を積み込んでいる）

### ナビクイズ

女性が (food・<u>cart</u>・product・groceries) を (preparing・<u>pushing</u>・paying・loading) している様子を表す ((A)・(B)・(C)・(D)) が正解。写っていない (cart・<u>car</u>) や、していない動作 (<u>paying</u>・pushing) を含む選択肢は不正解。よく似た音のヒッカケに気をつけよう。

---

**Words & Phrases**　🔊 21_16

問題に出てくる単語・表現をリピートして覚えましょう。

prepare 動 ～を準備する　　push 動 ～を押す　　pay 動 支払う　　product 名 製品　　load 動 ～を積み込む
grocery 名 食料雑貨

**2.** 🔊 21_2

(A) Some glasses are displayed on a rack.
←×ラックはない
（グラスがラックに陳列されている）

(B) Some plates have been left in a sink.
←×シンクはない
（皿がシンクに置きっ放しにされている）

←○写真の花の状態と一致
(C) Some flowers have been placed in the center of a table.
（花がテーブルの中央に置かれている）

←×押す動作をしている人はいない
(D) Some chairs are being pushed against a wall.
（椅子が壁に向かって押されているところだ）

ナビクイズ

人のいないテーブルの写真。(glasses・plates・flowers・chairs) が (sink・wall・rack・table) に (pushed・placed) されている状態を表す ((A)・(B)・(C)・(D)) が正解。写真にない (chairs・plates) を含む選択肢は不正解。作業中の人はいないので、作業中の動作を表す (have been -ed・are being -ed) は不正解。

🔊 21_17

**Words & Phrases**　問題に出てくる単語・表現をリピートして覚えましょう。

display 動 ～を陳列する　　plate 名 皿　　leave 動 ～を置く　　in the center of ~　～の中央に
against 前 ～に向かって

## 3. 🔊 21_3

疑問詞キャッチ「なぜなかったの」　　「花」　　　　　　　「退職パーティーで」

**Why weren't there any flowers at Mr. Holland's retirement party?**

(Hollandさんの退職パーティーにはなぜ花がなかったのですか)

○「He＝Hollandさんが頼んだ　買わないように」　理由になっている

(A) He asked us not to buy any. (彼が私たちに何も買わないように頼んだのです)

✕花はない

(B) Don't they look lovely? (素敵に見えませんか)

✕「50年後」はretirement「退職」の連想ヒッカケ

(C) After 50 years here. (ここでの50年後に)

> **ナビクイズ**
>
> Hollandさんの (創立記念・退職) パーティーで (食べ物・花) がなかった (理由・場所) を尋ねている。(A)は彼が (買うように・買わないように) 頼んだと答えている。(B)は (生き生きと・素敵に) 見えませんかと返答している。(C)では (時間・場所) を伝えている。疑問詞 (where・why) に対応する ((A)・(B)・(C)) が正解。

## 4. 🔊 21_4

疑問詞キャッチ「どこ」　　　　　　「建設する」　　　「新工場」

**Where is the company going to construct the new factory?**

(会社はどこに新しい工場を建設するのですか)

✕場所の情報ナシ

(A) In June or July. (6月か7月に)

○工場建設の前提くつがえし

(B) They've given up on the project. (彼らはその計画を断念しました)

✕companyの音ヒッカケ　companyは「付き合い」の意味がある

(C) I'll keep you company. (お付き合いしていきましょう)

> **ナビクイズ**
>
> (工場・農場) の (移転・建設) 予定 (場所・時期) を尋ねている。(A)は (月・担当者) を伝える (適切な・不適切な) 応答。(B)は計画を (断念・延期) したと伝える (質問返し・前提くつがえし) の応答。(C)は (お付き合いし・会社を立ち上げ) ましょうと応じる (音・意味) のヒッカケ。消去法で選べば、((A)・(B)・(C)) が正解。

---

**Words & Phrases**　🔊 21_18

問題に出てくる単語・表現をリピートして覚えましょう。

**3.** retirement 名 退職　　lovely 形 素敵な

**4.** construct 動 ～を建設する　　factory 名 工場　　give up ~　～を断念する
keep ~ company　～と付き合う

## 5. 🔊 21_5

途中の疑問詞キャッチ「どこ」
「Jamesさん」「置いた」
「取扱説明書」

**Do you know where James put the instruction manual?**
(Jamesさんが取扱説明書をどこに置いたか知っていますか)

✕ instructionの音ヒッカケ
(A) I couldn't follow the instructions. (指示に従えませんでした)

✕取扱説明書の場所情報ナシ
(B) No, this is an automatic. (いいえ、これはオートマチック車です)

○「聞きましょうか」ボケ型応答OK
(C) Shall I ask him? (彼に聞きましょうか)

### ナビクイズ

Jamesさんが取扱説明書を（完成する時・置いた場所）を尋ねている。問われている（when・where）に対応する情報を直球で答える選択肢はない。変化球の（ボケ型・ツッコミ型）で対話を進める（(A)・(B)・(C)）が正解。ちぐはぐな応答を消していく消去法を活用しよう。

## 6. 🔊 21_6

語順どおりに聞き取る 「参加した」 「研修」 「先週」

**Did you attend the leadership workshop last week?**
(先週のリーダーシップ研修に参加しましたか)

✕リーダーの研修なのに客がたくさん!? 矛盾する
(A) Yes, there were a lot of customers. (はい、たくさんの客がいました)

○ Noを飛ばして「忙しかった＝不参加」と答えている
(B) I was busy, unfortunately. (忙しかったのです、残念ながら)

✕ last week の音ヒッカケ
(C) It lasts about a week. (約1週間続きます)

### ナビクイズ

（過去・未来）における（研修・旅行）への参加を尋ねている。Yes/No疑問文に対して矛盾がない選択肢を選ぼう。(A)「（リーダー・客）が多数いた」は問いと矛盾（する・しない）。(B)「（忙しかった・楽しかった）」は問いと矛盾（する・しない）。(C)は問いの単語からの（音・連想）ヒッカケ。よって、正解は（(A)・(B)・(C)）。

---

### Words & Phrases 🔊 21_19
問題に出てくる単語・表現をリピートして覚えましょう。

**5.** instruction manual 取扱説明書　follow 動 ～に従う　instructions 名 指示　automatic 名 オートマチック車

**6.** attend 動 ～に参加する　workshop 名 研修　customer 名 客　unfortunately 副 残念ながら　last 動 続く

**7.** 🔊 21_7

━依頼　内容は「手を貸して」 ━「設定する」 ━「来月の売り上げ目標」

## Could you give me a hand setting next month's sales target?
(来月の売り上げ目標を設定するのを手伝ってくれますか)

━✕ sales の音ヒッカケ

(A) I sailed there and back. (そこへ船で行って戻ってきました)

━✕ sales の連想ヒッカケ

(B) I bought it new. (それを新品で買いました)

━○依頼に対する定番応答「喜んで」

(C) I'd be happy to. (喜んで)

**ナビクイズ**

冒頭は (依頼・提案) の表現。続く give me a (hand・hug) もヒントになる。売り上げ目標の (分析・設定) の (依頼・提案) に対して、(承諾して・断って・質問を返して) いる ((A)・(B)・(C)) が正解。設問に含まれる単語と似た発音や連想される語のヒッカケに気をつけよう。

---

**8.** 🔊 21_8

━提案 ━「面接する」 ━「候補者に」 ✕案：話し手1人で ━Y案：あなたも私と一緒に

## Shall I interview the candidates alone, or will you join me?
(候補者に私だけで面接しましょうか、それともあなたも一緒にしますか)

━○私も会いたい＝Y案 ━them＝candidates

(A) I'd like to meet them all. (私も彼ら全員に会ってみたいです)

━✕ interview の連想ヒッカケ

(B) I heard it on the radio. (ラジオで聞きました)

━✕選択疑問文に Yes は NG

(C) Yes, I did. (はい、私がしました)

**ナビクイズ**

話し手が (候補者・専門家) に面接する X案と、(聞き手が 話し手と聞き手の2人で) 面接する Y案の2つを提案する選択疑問文。(X案・Y案) を言い換えて、「(私が担当する 全員に会いたい)」と聞き手が伝える ((A)・(B)・(C)) が正解。選択疑問文に Yes/No で答えることはできない。

---

🔊 21_20

**Words & Phrases**　問題に出てくる単語・表現をリピートして覚えましょう。

**7.** give ~ a hand　〜を手伝う　　set 動 〜を設定する　　sales target　売り上げ目標　　sail 動 船で行く
**8.** interview 動 〜を面接する　　candidate 名 候補者　　join 動 〜に加わる

## 9. 🔊 21_9

ツアーガイドがバスに戻る時間をお知らせ

**We'll get back on the bus at 4:30 P.M.**
（午後4時30分にバスに戻ってきます）

×back の音ヒッカケ

(A) I'll call you back. （折り返し電話します）

○戻ってくる場所を確認する観光客の質問返し

**(B) At the same place?** （同じ場所ですか）

×on の音ヒッカケ

(C) I'm sure it's still on. （きっとまだやっていると思います）

**ナビクイズ**

平叙文は聞き取った情報から状況をイメージしよう。（庭園・乗り物）に再度戻ってくる時間をお知らせしているので、話し手は（庭師・ツアーガイド）だ。聞き手である（観光客・作業員）の応答として自然な（(A)・(B)・(C)）が正解。

## 10. 🔊 21_10

提案　「すぐ出発」　「間に合いたいなら」　　　　　　「劇場に」

**We should leave now if we want to make it to the theater in time, shouldn't we?** 文末は取って考える
（もし劇場に間に合うように到着したいなら、今出発すべきですよね）

×leave の音ヒッカケ

(A) I'll leave it by the door. （ドアの近くにそれを置いておきます）

×時間について情報ナシ

(B) It's well made. （よく作られています）

○時間に言及アリ

**(C) It's already 6:15.** （すでに6時15分です）

**ナビクイズ**

劇場（に間に合うように・でお化粧をするように）、（早めに・今すぐ）出発することを提案している。「〜よね」にあたる shouldn't we? は取って考えよう。到着時刻を気にしている状況を考えれば、時間情報を含む（(A)・(B)・(C)）が正解。設問にある単語の音ヒッカケに惑わされないように気をつけて、消去法を活用しよう。

---

**Words & Phrases**　🔊 21_21

問題に出てくる単語・表現をリピートして覚えましょう。

**9.** get back 戻る　　call ~ back　〜に折り返し電話する　　sure 形 きっと、〜と確信している　　still 副 まだ
on 副 続けて

**10.** make it 間に合う　　theater 名 劇場　　in time 間に合って　　by 前 〜の近くに　　already 副 すでに

🔊 **21_11**

**Questions 11 through 13 refer to the following conversation.**

M: ❶Let me know if you need any help preparing for the volunteer event at Green Park on Saturday.

W: ❷Oh… I forgot we were going to help pick up garbage there.

M: ❸Good thing I mentioned it.

W: Yeah. ❹I was going to get some T-shirts printed for the representatives of Dalton Tech to wear, but I don't have time now.

M: Well… we have those T-shirts from last month's product launch. We could just ask everyone to wear them, instead.

W: Good idea. ❺I'll call the participants now and let them know.

▐ 訳 ▌

M: 土曜日のGreen Parkでのボランティアイベントのための準備にもし手助けが必要なら、知らせてください。

W: ああ、私たちはそこでごみを集める手伝いをする予定になっていたことをすっかり忘れていました。

M: 言っておいてよかったです。

W: ええ。私はDalton Techの代表者たちが着るための何枚かのTシャツをプリントしてもらいに行こうと思っていましたが、今時間がありません。

M: ええと、私たちは先月の製品販売開始のときからのTシャツは持っていますよ。プリントする代わりに、それらを着るようにみんなに頼めばいいだけだと思います。

W: いい考えですね。今から参加者に電話をして彼らに知らせます。

**11.** What will take place on Saturday? (土曜日に何が行われますか)

(A) A concert (コンサート) × 述べられていない

(B) A seminar (セミナー) × 述べられていない

(C) A sporting event (スポーツイベント) × 述べられていない

(D) A volunteer cleanup ○❶the volunteer event at Green Park on Saturdayや
(ボランティアの掃除)　　　　❷to help pick up garbage などがヒントになる

**12.** Why does the man say, "Good thing I mentioned it"?
(男性はなぜ "Good thing I mentioned it" と言っていますか)

(A) He would like to make an announcement. (彼はお知らせをしたい) × 文脈に合わない

(B) He introduced a better product. (彼はよりよい製品を紹介した) × 文脈に合わない

(C) He reminded the woman of a job. ○❷女性の忘れていたという発言がヒント
(彼は女性に仕事を思い出させた)

(D) He praised the woman for her good work. × 文脈に合わない
(彼は彼女の良い仕事を褒めた)

**13.** What will the woman do next? （女性は次に何をしますか）

(A) Call some colleagues ○ ❺ I'll call the participants
（何人かの同僚に電話する） (the participants＝some colleagues)

(B) Install a smartphone application ✕ 述べられていない
（スマートフォンのアプリケーションをインストールする）

(C) Reserve a bus （バスを予約する） ✕ 述べられていない

(D) Place an advertisement （広告を出す） ✕ 述べられていない

**ナビクイズ**

**11.** 「土曜日に何が行われますか」という設問。詳細問題だが、男性、女性どちらの発言にヒントがあるかは特定できない。土曜日がキーワードとなる。❶まず男性が、土曜日の Green Park での（セミナー・ボランティアイベント）の準備に関して述べている。❷女性はそこで（ごみを集める・プレゼンテーションをする）手伝いをすることになっていたと述べている。❶❷両方の情報によって正解は（(A)・(B)・(C)・(D)）と分かる。

**12.** 「男性はなぜ "Good thing I mentioned it" と言っていますか」という設問。❸この男性の発言の前に、❷女性が（ごみを集める・プレゼンテーションをする）手伝いをする予定になっていることを（忘れていた・皆に知らせた）と述べているので、男性は（(A)・(B)・(C)・(D)）の意味で述べたと分かる。

**13.** 「女性は次に何をしますか」という設問。詳細問題なので1カ所で述べられる。女性の発言の中にヒントがある。❺I'll の後にこれから行うことが述べられるので聞き取ろう。女性は、❺（顧客・出席者）に（電話・メール）して知らせる、と述べている。（顧客・出席者）とは、❹イベントでTシャツを着る予定の Dalton Tech の代表者たちのことなので、それを言い換えた（(A)・(B)・(C)・(D)）が正解。

🔊 **21_22**

**Words & Phrases** 問題に出てくる単語・表現をリピートして覚えましょう。

let ~ know ～に知らせる pick up ~ ～を拾い上げる garbage 名 ごみ mention 動 ～を話に出す
get 動 ～してもらう representative 名 代表者 launch 名（新製品などの）売り出し
instead 副 その代わりに participant 名 参加者 praise 動 ～を褒める

21_12

**Questions 14 through 16 refer to the following conversation and floor map.**

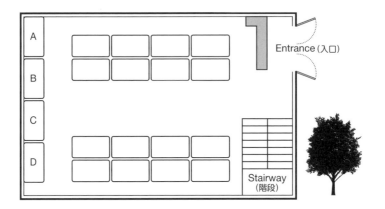

W: Hi, Jake. ❶Mr. Townsend asked me to bring over some forms for him to sign. Which desk is his?

M: Um… He sits over there. ❷See the desks along the back wall of the office?

W: Yes.

M: ❸His is the second from the right.

W: Great, thanks. I wanted to talk to him. ❹Do you know when he'll be back?

M: He's visiting a client. ❺He said he'd be back at 2:00 P.M.

W: OK. I'll give him a call then. Thanks.

---
訳

W: こんにちは、Jake。Townsendさんに、サインするための用紙を持ってくるように頼まれたのですが、彼の机はどれですか。

M: えっと、彼の机はあそこです。オフィスの後ろの壁に沿って並んでいる机が見えますか。

W: はい。

M: 彼の席は右から2番目です。

W: どうもありがとうございます。彼と話したかったのです。彼がいつ戻ってくるかご存じですか。

M: 彼は顧客を訪ねています。彼は午後2時に戻ると言っていました。

W: 了解です。その頃彼に電話します。ありがとう。

---

14. What does the woman say she has brought? (女性は何を持ってきたと言っていますか)

    (A) Some documents (書類) ○ ❶ some forms

    (B) A piece of furniture (家具) × 述べられていない

    (C) An electronic device (電子機器) × 述べられていない

    (D) Some refreshments (軽食) × 述べられていない

**15.** Look at the graphic. Which desk is Mr. Townsend's?
（図を見てください。Townsend さんの机はどれですか）

(A) Desk A （机A）×述べられていない

(B) Desk B （机B）○ ❷❸ 後ろの壁際の右から2番目

(C) Desk C （机C）×左から2番目と間違えないこと

(D) Desk D （机D）×述べられていない

**16.** What time does the man say Mr. Townsend will return?
（男性は何時にTownsend さんが戻ると言っていますか）

(A) At 1:00 P.M. （午後1時）×述べられていない

(B) At 1:30 P.M. （午後1時30分）×述べられていない

(C) At 2:00 P.M. （午後2時）○ ❺He said he'd be back at 2:00 p.m.と述べられている

(D) At 2:30 P.M. （午後2時30分）×述べられていない

---

> **ナビクイズ**

**14.** 「女性は何を持ってきたと言っていますか」という設問。詳細問題なので1カ所にヒントがある。冒頭で ❶女性は、Townsend さんに、サインするための (用紙・電子機器) を持ってくるように頼まれたと述べている。正解はそれを言い換えた ((A)・(B)・(C)・(D)) と分かる。迷ったらサインできないものを消去する消去法も有効。

**15.** Look at the graphic. と書かれているのでグラフィック問題だ。「Townsend さんの机はどれですか」という設問。固有名詞が設問に含まれているときは、発音をイメージしながら待ち構えよう。選択肢と図を比較すると、机の位置の表示のA・B・C・Dが共通なので、位置を特定する描写を聞き取る。❷男性が、(後ろの壁沿い・右側の列) の机を見るように述べている。❸彼の席は (右から・左から)（1番目・2番目）だと言っている。女性は入り口の位置から見ているので、正解は ((A)・(B)・(C)・(D)) と分かる。

**16.** 「男性は何時にTownsend さんが戻ると言っていますか」という設問。詳細問題なので1カ所にヒントがある。❹女性が、彼はいつ戻るか聞いているのに対して、❺男性は (午後1時・午後2時) と答えている。時間をピンポイントで聞き取ろう。正解は ((A)・(B)・(C)・(D)) と分かる。

---

🔊 **21_23**

> ### Words & Phrases
> 問題に出てくる単語・表現をリピートして覚えましょう。
>
> bring over ~　～を持ってくる　　form 图 (公式文書の) 用紙　　sign 動 ～に署名する　　along 前 ～に沿って
> be back　戻る　　client 图 顧客　　give ~ a call　～に電話する　　device 图 装置、機器
> refreshments 图 (行事などで出る) 軽い飲み物

**Questions 17 through 19 refer to the following conversation.**

M: ❶I need to install some software on this computer to make the scanner work, ❷but I've lost the product activation code. ❸It won't work without it. ❹I don't know what to do.

W: ❺If you call the manufacturer's customer support line, they might be able to help.

M: Good idea. ❻How can I get their phone number?

W: ❼It's usually in the user's manual. ❽Why don't you look in the box and see if it's still there?

訳

M: スキャナーが動くように、このコンピューターにソフトウェアをインストールする必要がありますが、製品のアクティベーションコードをなくしてしまいました。それがないと動かないのです。どうすればいいか分かりません。

W: メーカーのカスタマーサポートラインに電話をすれば、彼らはきっと助けてくれると思います。

M: いいアイデアですね。どうやったら電話番号が分かりますか。

W: 普通はユーザーマニュアルに載っています。箱の中を見てまだそこにあるかどうか確かめたらいかがでしょう。

**17.** Why is the man concerned?（男性はなぜ心配していますか）

(A) He ordered the wrong item. （彼は間違った品物を注文した）× 述べられていない

(B) He missed a meeting. （彼は会議に出席しなかった）× 述べられていない

(C) He does not have a qualification. （彼は資格がない）× 述べられていない

(D) He cannot find a software key. ○ ❷the product activation code = a software key
（彼はソフトウェアのキーを見つけることができない）

**18.** What does the woman suggest the man do? （女性は男性が何をすることを提案していますか）

(A) Call customer support ○ ❺call the manufacturer's customer support line
（カスタマーサポートに電話する）

(B) Ask for more time （もっと時間を求める）× 述べられていない

(C) Read a report （報告書を読む）× 述べられていない

(D) Buy a new car （新しい車を買う）× 述べられていない

**19.** What will the man most likely do next? （男性は次に何をすると思われますか）

(A) Speak with a supervisor （監督者と話す）× 述べられていない

(B) Call a garage （車庫に電話する）× 述べられていない

(C) Send an e-mail （Eメールを送る）× 述べられていない

(D) Look for an instruction manual ○ ❼❽the user's manual = an instruction manual
（取扱説明書を探す）

**ナビクイズ**

**17.** 「男性はなぜ心配していますか」という設問。詳細問題なので1カ所で述べられる。❶冒頭で男性は、コンピューターにソフトウェアをインストールする必要があるが、❷(製品のアクティベーションコード・パスワード)をなくしたと述べている。❸それがないと動かないと述べて、❹どうしたらいいか分からない、と心配している。正解は❷それを言い換えた ((A)・(B)・(C)・(D)) 。

**18.** 「女性は男性が何をすることを提案していますか」という設問。詳細問題なので1カ所で述べられる。心配している男性に対して女性は、❺メーカーのカスタマーサポートラインに (電話・メール) することを提案している。つまり正解は ((A)・(B)・(C)・(D)) と分かる。

**19.** 「男性は次に何をすると考えられますか」という設問。次の行動は会話の最後に述べられる。❻男性がどうやったら電話番号が分かるかと尋ねているのに対して、女性は、❼普通は (メーカーの担当者のファイル・ユーザーマニュアル) にその情報があるので、❽ (箱の中を見て・メールを送って) それがまだそこにあるか確かめるといいと言っている。男性は女性のアドバイスに従うと思われるので、❼❽女性の発言から正解は ((A)・(B)・(C)・(D)) と分かる。この設問は、男性の次の行動のヒントが女性の発言の中で述べられるパターンだ。

---

**Words & Phrases**　🔊)) 21_24

問題に出てくる単語・表現をリピートして覚えましょう。

install 動 (ソフトを) インストールする　　scanner 名 スキャナー　　activation code　アクティベーションコード
manufacturer 名 メーカー、製造業者　　qualification 名 資格　　supervisor 名 監督者

🔊 21_14

**Questions 20 through 22 refer to the following advertisement.**

❶Cooper's is proud to have provided theater entertainment to the people of Hawkins for many years. ❷This week, we're celebrating our 70th anniversary. ❸To show our appreciation to our loyal patrons, we're providing complimentary refreshments before each performance every day this week. ❹Gather with other theater lovers in our lobby for a selection of appetizers and drinks before the show. ❺The Oliver Brand quartet will be playing a selection of jazz numbers for you to enjoy while you chat. ❻Reservations can be made over the phone or online at the theater's Web site.

訳

Cooper's は劇場の催し物をHawkinsの人々に長年提供して参りましたことを誇りに思っております。今週、私たちは70周年記念日を祝う予定です。常連のお客様への感謝を示すため、今週は毎日それぞれのパフォーマンスの前に無料の軽食をご提供致します。ショーの前に、さまざまなアペタイザーや飲み物を楽しむために、他の劇場愛好家の皆さんと一緒に劇場のロビーに集まってください。あなたがおしゃべりされている間、あなたのために、Oliver Brand四重奏団が、選りすぐりのジャズナンバーを演奏致します。ご予約は電話か劇場のウェブサイトで承ります。

20. What kind of business is Cooper's? (Cooper'sはどのような種類の企業ですか)

(A) A restaurant (レストラン) × 無料の軽食は提供するがレストランではない

(B) A publishing house (出版社) × 述べられていない

(C) An accounting firm (会計の会社) × 述べられていない

(D) A theater (劇場) ○ ❶theater entertainment、❸performance、❹show、❻theater's Web site などがヒントとなる

21. What is the business celebrating? (その企業は何を祝いますか)

(A) An award (賞) × 述べられていない

(B) A grand opening (グランドオープン) × 祝うのは70周年記念日で、グランドオープンではない

(C) An anniversary (記念日) ○ ❷70th anniversary

(D) A seasonal event (季節的なイベント) × 述べられていない

22. What will the event feature? (イベントは何を呼び物にしていますか)

(A) Live music (ライブミュージック) ○ ❺The Oliver Brand quartet will be playing a selection of jazz numbers

(B) Free promotional items (無料のプロモーションの品物) × 無料の軽食は提供されるが、プロモーションの品物ではない

(C) Contests (コンテスト) × 述べられていない

(D) Speeches (スピーチ) × 述べられていない

ナビクイズ

**20.** 「Cooper'sはどのような種類の企業ですか」という設問。広告の問題では何が宣伝されているかをつかむことが大切だ。冒頭からこの広告はCooper'sに関する宣伝だと分かる。この設問は概要問題なので複数カ所にヒントがある。❶冒頭でCooper'sは長年（美味しい料理・劇場の催し物）を提供してきたことを誇りに思っていると述べている。その他にも、❸performance、❹show、❻theater's Web siteなどの単語がちりばめられているので、正解は（(A)・(B)・(C)・(D)）と分かる。

**21.** 「その企業は何を祝いますか」という設問。詳細問題なので1カ所で述べられる。❷今週は（70周年記念日・グランドオープン）を祝う予定だと述べているので、正解は（(A)・(B)・(C)・(D)）。

**22.** 「イベントは何を呼び物にしていますか」という設問。イベントに関しては❸（無料の軽食・無料の販売促進の製品）が提供されることと、❺（コンテストがある・バンドがジャズを演奏する）ことが述べられている。選択肢を見ると、後者を言い換えた（(A)・(B)・(C)・(D)）が正解だと分かる。

### Words & Phrases
🔊 21_25

問題に出てくる単語・表現をリピートして覚えましょう。

proud 形 誇りとしている　　provide 動 ～を提供する　　entertainment 名 催し物　　appreciation 名 感謝
loyal 形 常連の　　patron 名 （劇場、ホテル、レストランなどの）ひいき客　　complimentary 形 無料の
gather 動 集まる　　a selection of ~ ～の品ぞろえ、～から選ばれたもの　　appetizer 名 アペタイザー、前菜
quartet 名 四重奏団　　chat 動 おしゃべりする　　accounting 名 会計　　firm 名 会社

🔊 21_15

**Questions 23 through 25 refer to the following telephone message.**

❶Hi, Ms. Salinger. ❷It's Ralph Douglas. I'll be overseeing the Vale Street sidewalk restoration project. ❸I understand that you called me earlier today to request that we meet on Tuesday rather than Monday. Of course, that's fine with me. I've been looking at the plans you sent. ❹You estimated that the project would take a week. ❺I think it might take longer than that. We get a lot of rain at that time of year. ❻Also, please take another look at the catalog. ❼I think you may have used last year's prices when calculating the cost of materials.

訳

こんにちは、Salingerさん。Ralph Douglasです。私はVale Streetの歩道修復プロジェクトを監督することになっています。あなたが今日電話をくださって、月曜日でなく火曜日に会うことをご要望されたことは承知しています。もちろん、私はそれで大丈夫です。あなたが送ってくださった計画を拝見しています。あなたはプロジェクトは1週間かかると見積もっていました。私はそれより長くかかるかもしれないと考えています。1年のその時期には雨がたくさん降ります。そして、もう一度カタログをご覧ください。あなたは、資材の費用を計算する際に昨年の価格を使われたのかもしれないと思います。

**23.** Why did Ms. Salinger call the speaker? (Salingerさんは話し手になぜ電話をしましたか)

(A) To change an appointment ○ ❸月曜日ではなく火曜日に会いたいという電話があった
(会う約束を変えるため)

(B) To request payment (支払いを頼むため) × 述べられていない

(C) To explain an error (間違いを説明するため) × 述べられていない

(D) To announce a decision (決定を知らせるため) × 述べられていない

**24.** What does the speaker disagree with Ms. Salinger about?
(話し手は何についてSalingerさんに同意していませんか)

(A) The location of a supplier (供給業者の場所) × 述べられていない

(B) The duration of a project (プロジェクトの期間) ○ ❺1週間という予測より長くなるかもしれないと述べている

(C) The reason for a meeting (会議の理由) × 述べられていない

(D) The timing of a holiday (休日の時間調整) × 述べられていない

**25.** What does the speaker ask Ms. Salinger to do?
(話し手はSalingerさんに何をするように頼んでいますか)

(A) Speak with a colleague (同僚と話す) × 述べられていない

(B) Introduce a consultant (コンサルタントを紹介する) × 述べられていない

(C) Check a price (価格を確かめる) ○ ❻❼昨年の価格で計算されているかもしれないので再度カタログを見てほしい

(D) Prepare a room (部屋を用意する) × 述べられていない

---

**ナビクイズ**

23. 「Salingerさんは話し手になぜ電話をしましたか」という設問。冒頭で❶Salingerさんに ❷Ralph Douglasさんが電話していると分かる。❸ 彼はSalingerさんから (会う日・見積もり) を変えたいという電話があったことを述べているので、正解は ((A)・(B)・(C)・(D))。

24. 「話し手は何についてSalingerさんに同意していませんか」という設問。❹Salingerさんはプロジェクトが1週間かかると予測したと述べている。しかし、話し手のDouglasさんは❺もっと (短期で終わる・長くかかる) かもしれないと思うと述べているので、正解は ((A)・(B)・(C)・(D))。

25. 「話し手はSalingerさんに何をするように頼んでいますか」という設問。❻ 依頼についてはpleaseの後を聞こう。カタログを (もう一度見てほしい・送ってほしい) と述べている。❼ 資材の費用が (業者の希望価格・昨年の価格) になっているかもしれないと述べているので、正解は ((A)・(B)・(C)・(D))。

**Words & Phrases** 🔊 21_26
問題に出てくる単語・表現をリピートして覚えましょう。

oversee 動 〜を監督する　　sidewalk 名 歩道　　restoration 名 修復　　estimate 動 〜と見積もる
calculate 動 〜を計算する　　material 名 資材、材料　　supplier 名 供給業者

発音できれば聞き取れる！

# 音読でリスニング力アップ！

「見れば分かるのに、聞くだけでは全然意味がつかめない」
「英語が早くて聞き取れない」
このような苦手ポイントは音読で克服できます。リスニングは、頭の中にある音と外から入ってくる音とのマッチング。音読は、脳内に記憶している音をネイティブの発音へと修正してくれるのです。その結果、マッチング率が上昇し聞き取れるようになります。「英語が速い」のは、自分の発音速度が原因かもしれません。音読で口が慣れれば、流ちょうな英語へと上達します。スピーキングの速度が上がれば、リスニングのスピードにもついていけるようになるでしょう。

## 3つの手順で効果的に練習しましょう。

### 01 Listen and repeat!
**お手本の音声をしっかり聞いてからリピートする**

音声を聞かずにリピートをすると、脳内音声の矯正効果が下がります。まず 🔊22 ファイルのお手本の音をよく聞いてください。次に 🔊23 ファイルを使って、モノマネ感覚でリピートしましょう。Part 1 と Part 2 では 1 文ごとに、Part 3 と Part 4 では区切り（スラッシュ）ごとにリピートしましょう。慣れてきたら、カナ表記や英文を見ずにリピートしましょう。

### 02 Record and check!
**音声をスマホなどで録音し、自分の発音を聞いてみる**

練習した音声を録音し、聞いてみましょう。チェックポイントは次のとおり。
・太字を強く発音するメリハリがついているか
・スラー ⌣ のつながり、色の薄い弱い音はお手本どおりになっているか
・イントネーションの上げ下げは合っているか
・お手本と同じスピードか

### 03 Repeat your practice!
**繰り返し練習し、回数を記録する**

録音した音声を再生して確認する度に、ガンバリスマークに回数を記録しましょう。お手本に近づくまで、リピート→録音→再生を繰り返します。

**01** 🔊 22_1  🔊 23_1

・太字の名詞・動詞を強く発音しよう。
・太字以外は弱く素早く発音しよう。
・強弱のメリハリをつけてリピートしよう。

ナビクイズ例題 →

(A) A **woman** is **wearing** a **hat**. （女性が帽子をかぶっている）
　　　ア　　ウマニズ　　　ウェアリン　ア　ヘァット

(B) A **woman** is **carrying** some **plants**. （女性が植物を運んでいる）
　　　ア　　ウマニズ　　　キャリン　　　スム　プレァンツ

(C) A **woman** is **cutting** a **flower stem**. （女性が花の茎を切っている）
　　　ア　　ウマニズ　　　カティン　ア　フラウア　ステム

(D) A **woman** is **hanging** a **basket**. （女性がかごをつるしている）
　　　ア　　ウマニズ　　　ヘァンギン　ア　ベァスケット

ナビクイズ問題 1 →

(A) He's **climbing** a **ladder**. （彼ははしごを登っている）
　　　ヒズ　　クライミン　ア　レァダー

(B) He's **standing** on a **roof**. （彼は屋根の上に立っている）
　　　ヒズ　スタァンディン　　アナ　ルーフ

(C) He's **opening** a **window**. （彼は窓を開けている）
　　　ヒゾウプニン　　　ア　ウィンドウ

(D) He's **operating** a **machine**. （彼は機械を操作している）
　　　ヒザペレイティン　　　ア　マシーンヌ

ナビクイズ問題 2 →

(A) She's **fixing** a **laptop**. （彼女はノートパソコンを修理している）
　　　シズ　　フィクスイン ア レァップタップ

(B) She's **moving** a **desk**. （彼女は机を動かしている）
　　　シズ　　ムーヴィン　ア　デスク

(C) She's **talking** on the **phone**. （彼女は電話で話している）
　　　シズ　　トーキン　　アンザ　フォウンヌ

(D) She's **picking** up a **notepad**. （彼女はメモ帳を持ち上げている）
　　　シズ　　ピキン　　アパ　ノウトペァッド

音読

**02** 🔊 22_2 🔊 23_2

- 太字の名詞・動詞は強く長めに発音するよ。
- 冠詞・be動詞・代名詞は弱く素早く発音するよ。
- お手本のリズムを真似してリピートしよう。

### ナビクイズ例題

(A) One_of the **men** is **stacking** some **chairs**. (男性の1人が椅子を積み重ねている)
　　ワナヴザ　　　　メン　イズ　ステァキン　　スム　チェアズ

(B) One_of the **men** is **trying** on **shoes**. (男性の1人が靴を試着している)
　　ワナヴザ　　　　メン　イズ チュライン　アン　シューズ

(C) They're **arranging products**. (彼らは製品を並べている)
　　ゼア　　　アレインジン　　プラダクツ

(D) They're **sitting side** by **side**. (彼らは並んで座っている)
　　ゼア　　　スィティン　サイドバイサイド

### ナビクイズ問題 1

(A) The **woman**_is **buying** a **ticket**. (女性がチケットを買っている)
　　ザ　　　ウマニズ　　　バイイン　ア ティケット

(B) The **man**_is **cleaning** a **platform**. (男性がプラットフォームを掃除している)
　　ザ　　メァニズ　　　クリーニン　ア プレァトフォーム

(C) They're **boarding** a **train**. (彼らは電車に乗り込もうとしている)
　　ゼア　　　ボーディン　ア チュレインス

(D) They're **looking** at_a **map**. (彼らは地図を見ている)
　　ゼア　　　ルキン　　　アタ　メァプ

### ナビクイズ問題 2

(A) One_of the **women** is **reaching** for_a **file**. (女性の1人はファイルに手を伸ばしている)
　　ワナヴザ　　　　ウィミン　イズ　リーチン　　フォラ　ファイウ

(B) One_of the **men** is **pointing** at_a **document**. (男性の1人は書類を指さしている)
　　ワナヴザ　　　　メン　イズ ポインティン　アタ　　ダキュメント

(C) Some **people**_are **standing** in front_of_a **whiteboard**.
　　スム　ピーポラ　　　ステァンディン　インフランタヴァ　　ワイトボード

　　(何人かの人々がホワイトボードの前に立っている)

(D) Some **people**_are **adjusting** a **projector**. (何人かの人々がプロジェクターを調整している)
　　スム　ピーポラ　　　アジャスティン　ア　プラジェクタ

ガンバリスマーク　　　　　練習回数分をマークしておきましょう
①②③④⑤⑥⑦⑧⑨⑩

**03** 🔊 22_3  🔊 23_3

- 物＋状態は2拍、物＋状態＋場所は3拍のリズムになるよ。
- スラー ⌣ で前後をつなげよう。
- 平坦な音程（→）、やや下がる音程（↘）に注意しよう。

---

**ナビクイズ例題** →

(A) Some **vehicles** are **parked** along the cur**b**. (何台かの車両が縁石に沿って駐車されている)
　　 スム　　　ヴィークゥザ　　　パークタロン　　　ザ　**カー**ブ

(B) A **sign** is **attach**ed to a lam**ppost**. (看板が街灯に取りつけられている)
　　 ア　　サイニザ**テァ**ッチトゥア　　　レ**アンポウスト**

(C) Some **bikes** have been **left** on the stree**t**. (何台かの自転車が路上に置かれたままである)
　　 スム　バイクス　　→　　レフタン　ザ　スチュリート
　　　　　　　　　ハビン

(D) Some **trees** are being **cut down**. (何本かの木が切り倒されているところだ)
　　 スム　　チュリーザ　↘　　**カット**ダウンヲ
　　　　　　　　　ビイン

---

**ナビクイズ問題 1** →

(A) A **sofa** is **unoccupi**ed. (ソファが空いている)
　　 ア ソウファ　イザノキュパイド

(B) Some **pillows** are **piled** up on the be**d**. (ベッドの上にいくつかのクッションが積み重ねられている)
　　 スム　　ピロウザ　　パイルダパン　　ザ　ベード

(C) A **desk** has been **placed** between the **lamps**. (机がランプの間に置かれている)
　　 ア　デスク　　→　　プレイスト　ビトゥイーン　ザ　レ**アンプス**
　　　　　ハズビン

(D) A **fan** is being **installed** on the **ceiling**. (扇風機が天井に取りつけられているところだ)
　　 ア フェァニズ　↘　　インス**トー**ゥダン　ザ　**スィ**ーリン
　　　　　　　　ビイン

---

**ナビクイズ問題 2** →

(A) A **pool** is **surrounde**d by a **fence**. (プールがフェンスで囲まれている)
　　 ア　**プー**リズ　　サ**ラ**ウンディド　バイア **フェ**ンス

(B) Some **parasols** have been **closed**. (いくつかのパラソルが閉じられている)
　　 スム　　**パ**ラソゥズ　　→　　クロウズド
　　　　　　　　　ハビン

(C) Some **beach chairs** are being **carried** to the **poolside**.
　　 スム　　　ビーチエアザ　↘　　**キャ**リートゥ　ザ　**プー**ゥサイド
　　　　　　　　　　　ビイン
　(いくつかのビーチチェアがプールサイドに運ばれているところだ)

(D) Some **trees** are **reflected** in the **water**. (何本かの木が水面に映っている)
　　 スム　　チュリーザ　リフレ**ゥ**ティディン　ザ　**ワ**ーラ

---

ガンバリスマーク　　練習回数分をマークしておきましょう
① ② ③ ④ ⑤ ⑥ ⑦ ⑧ ⑨ ⑩

## 音読

**04** 🔊 22_4 🔊 23_4

- 太字は強く発音するよ。
- WH疑問文の最後は、下げて発音しよう。
- 弱い音、つながる音 ⌣ を真似しよう。

**ナビクイズ例題** →

Q: **Who**'s_in **charge**_of the **arrangements** for the **party**? ↘
フーズィン　チャージャヴ　ジ　アレインジメンツ　フォザ　パーティ
（誰がパーティーの準備の責任者ですか）

A: **That**'d be **me**. (私です)
ザッド　ビ　ミー

**ナビクイズ問題 1** →

Q: **What**'s_all the **equip**ment_in the **lobby** for? ⌒ （ロビーにある装置は全部何のためですか）
ワッツオゥ　ジ　イクイッ プメンティン　ザ　ラビー　フォ

A: Some **plumbers**_are **checking** the **pipes**. (配管工がパイプを確認しています)
スム　プラマーザ　チェキン　ザ　パイプス

**ナビクイズ問題 2** →

Q: **How** do you **think** we should_**advertise** the **summer sale**? ⌒
ハウ　ドゥ　ユ　シンク　ウィシュ ダドヴァタイズ　ザ　サマセイゥ
（夏のセールをどのように宣伝すべきだと思いますか）

A: The **newspaper**_is_**always good**. (新聞はいつでもうまくいきます)
ザ　ニュースペイパリ ゾゥエイズ　グッド

**ナビクイズ問題 3** →

Q: **Where**_are we **going** to **open**_our **next branch**? ↘ （どこに次の支社を開くのですか）
ウェラ　ウィ ゴウィン タ　オウプナウア　ネクスト ブランチ

A: In_**East Seattle**. (East Seattleです)
イニースト スィアトゥ

**ナビクイズ問題 4** →

Q: **When** will Ms. **Harper** be **back** from her **meeting** with the **clients**? ⌒
ウェン　ウィゥ ミズ　ハーパ　ビ ベァク フム　ハ　ミーティン　ウィザ　クライアンツ
（Harperさんは顧客との会議からいつ戻ってきますか）

A: In_**about**_an_**hour**. (約1時間後に)
イナバウタ ナ ウア

## 05

🔊 22_5　🔊 23_5

- 太字を強く発音しよう。
- WH疑問文の最後は下げるイントネーションにしよう。
- 弱い音、つながる音 ⌣ も真似しよう。

▶ ナビクイズ例題

Q: **What** do you **think** the **visitors** will **want** to **see first**?
　ワット　　ドゥユ　シンク　ザ　ヴィズィタズ ウィウ　ワントゥ　スィー ファースト
（訪問客が最初に見たいのは何だと思いますか）

A: I **have** no **idea**. (分かりません)
　アイ　ハヴ　ノウ アイディア

▶ ナビクイズ問題 1

Q: **How** did the **sales presentation go**? (プレゼンテーションはどうでしたか)
　ハウディド　ザ　セイウスプレゼンテイション　ゴウ

A: We **have** to **wait**⌣and **see**. (様子を見なくてはなりません)
　ウィ　ハフタ　ウェイタンドスィー

▶ ナビクイズ問題 2

Q: **Who usually locks** the **office**⌣in the **evenings**? (ふだんは誰が夕方オフィスに鍵をかけますか)
　フー　ユージュアリ ラックス　ジ　アフィスィン　ジ　イヴニンズ

A: **Please take**⌣a **look**⌣at the **schedule**. (予定表を見てください)
　プリーズ　テイカ　ルカッザ　スケジューゥ

▶ ナビクイズ問題 3

Q: **When's** the **deadline** for the **monthly sales report**?
　ウェンズ　ザ　デッドライン フォ ザ　マンスリ　セイゥス　リポート
（毎月の営業報告書の締め切りはいつですか）

A: You'd **better ask** Ms. **Dolby**. (Dolbyさんに聞く方がいいです)
　ユド　ベラ　エァスク ミズ　ダルビ

▶ ナビクイズ問題 4

Q: **Why** is there **such**⌣a **long line**⌣of **people**⌣in **front**⌣of the **department store**?
　ワイ イズ ゼア　サチャ　ロン ライノヴ　ピーポリン　フランタヴ ザ　ディパートメント ストー
（デパートの前にそんな長い行列があるのはなぜですか）

A: **How many are** there? (何人いるのですか)
　ハウメニ　アー　ゼア

# 音読

**06** 🔊 22_6  🔊 23_6

- 太字を強く長めに発音しよう。
- Yes/No疑問文の最後は上げて発音しよう。
- 応答の最後は下げて発音しよう。

**ナビクイズ例題**

Q: Are you **planning** to **attend** the **end-of-year party this_year**?⤴
アユ　　プレァニン　タ　アテンド　ジ　　エンドヴィア　　パーティ　ディシィア
(今年の年末パーティーに参加する予定ですか)

A: It should be a **lot_of fun**.⤵ (それは楽しいに違いないでしょう)
イト シュド　ビ ア ラタヴ ファンヌ

**ナビクイズ問題 1**

Q: Have you **seen Dominion_Accounting's new television commercial**?⤴
ハヴュ　　スィーン　　ドミニョナカウンティンズ　　　ニュー テレヴィジョン　　コマーショウ
(Dominion Accountingの新しいテレビコマーシャルを見ましたか)

A: A **couple_of times now**.⤵ (これまでに数回見ました)
アカポラヴ　　タイムズ ナウ

**ナビクイズ問題 2**

Q: Does_anyone here have time to help me load the truck?⤴
ダゼニワン　　ヒア　ハヴ タイム タ ヘゥプ ミ ロウド ザ トラック
(トラックに荷物を載せるのを手伝う時間のある人はここにいますか)

A: I'll **give_you a hand**.⤵ (私が手を貸しましょう)
アイゥ　ギヴュ　ア ヘァンド

**ナビクイズ問題 3**

Q: Is there_a **pharmacy** that's_**open_**until **late_**around **here**?⤴
イズ ゼアラ　ファーマスィ　　ザッツウォウプナンティレイタラウンド　　ヒア
(この辺りに遅くまで開いている薬局はありますか)

A: **Chempro closes_**at **10:00** P.M.⤵ (Chemproは午後10時に閉まります)
ケンプロ　　クロウズィザッテン　ピィエム

**ナビクイズ問題 4**

Q: Do you **know where** we **keep** the **cleaning supplies**?⤴
ドゥユ　ノウ ウェア ウィ キーゥ ザ クリーニン サプライズ
(掃除用品をどこに保管するのか知っていますか)

A: In the **closet** by the **break room**.⤵ (休憩室のそばにあるクローゼットです)
イン ザ クラーゼット バイ ザ ブレイゥ ルーム

ガンバリスマーク　　練習回数分をマークしておきましょう
① ② ③ ④ ⑤ ⑥ ⑦ ⑧ ⑨ ⑩

\音読/

# 07 🔊 22_7  🔊 23_7

- 太字を強く発音しよう。
- Yes/No疑問文の最後は上昇イントネーションに、普通の文は下降イントネーションにするよ。
- お手本のモノマネでリピートしよう。

**ナビクイズ例題** →

Q: Would_you **mind coming** to **work_a little_early tomorrow morning**? ↗
　　ウッジューマインド　　カミン　タ　ワーカ　　リラーリ　　トゥマロウ　　モーニン
（明朝少し早く仕事に来ていただいても構いませんか）

A: **Not_at_all.** ↘ （全然構いません）
　　ナラローゥ

**ナビクイズ問題 1** →

Q: **Can_you show** me **how** to **use** this **new accounting software**? ↗
　　キャニュ　ショウミ　　ハウタ　ユーズ ディス ニュー　アカウンティン　　ソフトウェア
（この新しい会計ソフトの使い方を私に教えていただけますか）

A: I'm_a **little busy right now.** ↘ （ちょうど今少し忙しいです）
　　アイマ　リル　ビズィ　ライト　ナウ

**ナビクイズ問題 2** →

Q: **Should** we **hire_a few more people** for the **factory**? ↗
　　シュドウィ　　ハイラ　フュ　モア　　ピーポゥ　フォ　ザ　フェアクトリ
（工場にもう少し多く人を雇うべきでしょうか）

A: They'd_**appreciate** that. （彼らは感謝するでしょう）
　　ゼイダプリシエイト　　　ザト

**ナビクイズ問題 3** →

Q: **Why** don't we **go** and **see** a **musical** while we're_in **New York**? ↘
　　ワイ　ドゥント ウィ ゴウ アンド　スィー ア ミューズィコゥ ワイウ　ウィリン　　ニューヨーク
（New York にいる間にミュージカルを見に行きませんか）

A: **Sure,** that **sounds fun.** ↘ （もちろん、楽しそうです）
　　シュア　ザト　サウンズ　ファン

**ナビクイズ問題 4** →

Q: **How** about **placing** an_**order** for some **more paper** before the **busy**
　　ハウバウト　　プレイスィン　アノーダ　フォ　　サモア　　ペイパ　ビフォ　ザ　ビズィ
**season**? ↘ （繁忙期前にもう少し紙を注文するのはどうでしょうか）
スィーズンス

A: Do we **have_enough storage room**? ↗ （十分な保管場所があるでしょうか）
　　ドゥ ウィ　　ハヴィナフ　　ストリジ　ルーム

ガンパリスマーク 　　　練習回数分をマークしておきましょう
　　　　　　　　　　①②③④⑤⑥⑦⑧⑨⑩

## 08  🔊 22_8  🔊 23_8

- 太字は強く発音するよ。
- X案は上げて、Y案は下げるイントネーションにしよう。
- 答えは下げて発音するよ。

**ナビクイズ例題**

Q: **Which** would_you **prefer,** to **get_a new refrigerator** or to **have this**
ウィッチ　ウッジュ　プリ**ファー**　タ　**ゲッタ　ニュー**　リフ**リ**ジレイタ　**オア** タ　**ハヴ　ディス**
one **repair**ed? （新しい冷蔵庫を購入するのと、この冷蔵庫を修理してもらうのと、どちらがよろしいですか）
**ワン**　リ**ペ**アド

A: It **depends_on** the **cos**t. （料金次第です）
イト　ディ**ペン**ザン　ザ　**コース**ト

**ナビクイズ問題 1**

Q: Would_you **like** to **come** with me to the **showroom** or **just look_online?**
ウッジュ　**ライ**タ　**カム**　ウィズミ　タ　ザ　**ショウルーム**　**オア** ジャス**ト**　ル**カンライン**

A: I **want** to **see** the **products_in person.** （製品を直接見たいです）
アイ　**ワン**トゥ　**スィー**　ザ　プ**ラ**ダクツィン　**パースン**ズ

**ナビクイズ問題 2**

Q: Should_I **go** to **San Diego** by **train** or **fly?**
シュダイ　**ゴウ** タ　サンディ**エイ**ゴウ　バイ チュ**レイン**　**オア** フ**ライ**

A: It's_**actually faster** to **ta**ke the **train.** （実際、電車を使う方が速いです）
イッツ**ェア**クチュアリ **フェア**スタ　タ　**テイ**ク　ザ　チュ**レイン**ズ

**ナビクイズ問題 3**

Q: **Where** will we **have** the **barbecue,** **here** or_at the **par**k?
**ウェア**　ウィゥウィ　**ハヴ**　ザ　**バービキュー**　**ヒア**　オ**ラッザ**　**パー**ク

A: I **don't like_either choice.** （どちらの選択肢も好きではありません）
アイ**ドウン**ト　**ライ**キーザ　**チョ**イス

**ナビクイズ問題 4**

Q: **How** do you **order_offi**ce **stationery,** over the **phone** or_**online?**
**ハウ**　**ドゥ**ユ　**オーダラ**フィス**テイ**ショナリ　オウヴァ ザ　**フォウン**ズ　オ**ランライン**ズ

A: It **doesn't matter.** （どちらでも構いません）
イト　**ダズン**ト　**メ**アタ

# 09 🔊 22_9 🔊 23_9

- 太字を大きくはっきりと発音しよう。
- 弱い音、つながる音 ‿ も真似しよう。
- お手本のスピードに近づけよう。

## ナビクイズ例題

Q: Don't_you **have**_any **more**_**application forms** for the **contest**?
ドウンチュ　　ハヴェニ　　　モラプリ**ケイ**ション　　フォームズ フォ ザ　　**カン**テスト
（コンテストの申込用紙はもうありませんか）

A: **No**, but_I can **print** one for you. （ありませんが、あなたのために1部印刷できますよ）
ノウ　バライ　カン　プリント　ワン フォ　ユ

## ナビクイズ問題 1

Q: Won't_you **come** with_us to the **corporate retreat**? （社員旅行に一緒に来ませんか）
ウォウンチュ　　カム　　ウィザス　タ ザ　　**コー**ポレイト　リチュ**リー**ト

A: I'll be **busy** on **Saturday morning**. （土曜の午前中は忙しいのです）
アイゥ ビ　**ビ**ズィ アン　**サ**タディ　　**モー**ニン

## ナビクイズ問題 2

Q: The **new van** from **Spartan Motors has**_a **goo**d **reputation**, doesn't_it?
ザ　**ニュー ヴァ**ン フム　ス**パー**タン　**モウ**タズ　　ハザ　　**グ**ッド　レピュ**テイ**ションヌ　　ダズネ
（Spartan Motors社製の新しいトラックは評判がいいですよね）

A: I **believe so**. （そう思います）
アイ ビ**リー**ヴ　**ソ**ウ

## ナビクイズ問題 3

Q: You **haven't me**t Mr. **Douglas ye**t, have_you? （Douglasさんにはまだ会っていませんよね）
ユ　**ハ**ヴント　メト ミスタ　**ダ**グラス　**イェ**ト　　ハヴュ

A: **No**, he was_on **vacation** when_I **started work**. （いいえ、私が働き始めたときに彼は休暇中でした）
ノウ　ヒ　ワザン　ヴァ**ケイ**ションヌ　ウェナイ　ス**ター**ティド **ワー**ク

## ナビクイズ問題 4

Q: You **sent_out**_a **memo** about the **new security arrangements, right**?
ユ　　**セン**タウタ　　メモウ　アバウト ザ　**ニュー** セキュリティ　　アレインジメンツ　　**ラ**イト
（新しい警備体制について社内文書を送信してくれましたよね）

A: **Yesterday evening**. （昨晩に）
イェスタディ　**イー**ヴニン

## 10 🔊 22_10  🔊 23_10

- イギリス英語の疑問文は下降調で発音しよう。
- イギリス発音を真似しよう。
- お手本のスピードに近づけよう。

**ナビクイズ例題**

Q: The **escalator** on the **first floor** is_out_of_order this **morning**.
ジ　エスカレイタ　アン　ザ　ファース　フロー　　イザウタヴォーダ　ディス　モーニン
（1階のエスカレーターは、今朝故障しています）

A: Have_you **called maintenance**? ↘ （メンテナンスに電話しましたか）
ハヴュ　　　コーゥ　　メインテナンス

**ナビクイズ問題 1**

Q: My **flight** to **Chicago** has been **cancel**ed.
マイ　フライトゥ　シカーゴウ　ハズビン　キャンスゥド
（私の乗るChicago行きの飛行機はキャンセルになりました）

A: You'd **better check** with the other_**airlines**. （他の航空会社を確認した方がいいですね）
ユド　ベタ　チェッ　ウィジ　アザレアラインズ

**ナビクイズ問題 2**

Q: Some **parcels_arrive**d for you while_you were_**ou**t.
スム　パースゥザライヴ　フォ　ユ　ワイリュ　ワラウト
（あなたの外出中にあなた宛の小包がいくつか届きました）

A: I **didn't_order_anything**. （何も注文していません）
アイ　ディドゥントーダレニシン

**ナビクイズ問題 3**

Q: This **dishwasher comes** with_a **five-year warranty**.
ディス　ディシュワシャ　カムズ　ウィザ　ファイヴィヤ　ワランティ
（この食洗機は5年間の保証つきです）

A: It's **quite large, too**. （それは手厚いですね）
イッツ　クワイト　ラージ　トゥー

**ナビクイズ問題 4**

Q: I **saw** an_**advertisement** for_a **walking tour**_of **London**.
アイソー　アナドヴァーティスメント　フォラ　ウォーキン　トーラヴ　ランドンヌ
（Londonを歩いて回るツアーの広告を見ました）

A: Did_it **look_interesting**? ↗ （面白そうでしたか）
ディディト　ルキンタレスティン

ガンバリスマーク　　練習回数分をマークしておきましょう
① ② ③ ④ ⑤ ⑥ ⑦ ⑧ ⑨ ⑩

**11** 🔊 22_11  🔊 23_11

・ 太字の単語をはっきり強く発音しよう。

・ 太字以外の単語は弱く素早く発音しよう。

・ 脱落する音（グレー文字）に注意しよう。

ナビクイズ例題 →

W: I **need** a **ticket**/ for the **express train** to **Brighton**.

M: The **next train** is **scheduled** for **10:23**,/ but it's **running 20 minutes late**. Is that **OK**?

W: That's **fine**./ I'll **get something** to **eat** while I **wait**. **What time** will it **arrive** at **Brighton Station**?

M: At **around 11:10**./ It's **$13.20**./ Do you **need** a **receipt**?

訳  W: Brighton行きの急行の乗車券をください。

M: 次の電車は10時23分に予定されていますが、20分遅れとなっています。それで大丈夫ですか。

W: 大丈夫です。待っている間に何か食べることにします。電車は何時にBrighton Stationに着きますか。

M: 11時10分頃です。13ドル20セントになります。領収書は必要ですか。

## 12

🔊 22_12  🔊 23_12

- 太字の単語をはっきり強く発音しよう。
- スラッシュのあるところまで一気に読もう。
- お手本のモノマネでリピートしよう。

**ナビクイズ例題**

W : **Good morning, Bill**./ You're **here early**./ **What time** did_you **get** to **work**?

M : I **arrived**_about **10 minutes_ago**./ I'm **going** to **get together**/ with Mr. **Hammond** from **TRH Industries**/ to **discuss**_our **plans** for his **new advertising campaign**./ **This**_is the **only time** he **has**_**available**.

W : I **see**./ I **think**_I **saw** him **downstairs**./ **Have**_a **good discussion** with him.

**訳** W: Bill、おはようございます。早いですね。何時に職場に到着したのですか。

M: 約10分前に到着しました。TRH社のHammondさんと会って、彼の新しい広告キャンペーンの計画について話し合う予定なのです。彼が都合のつくのはこの時間だけなのです。

W: そうですか。階下で彼を見かけたと思います。彼との話し合いがうまく進むといいですね。

ガンバリスマーク　練習回数分をマークしておきましょう
① ② ③ ④ ⑤ ⑥ ⑦ ⑧ ⑨ ⑩

**13** 🔊 22_13  🔊 23_13

- 脱落する音（グレー文字）に注意しよう。
- 子音終わりの後の母音始まりは音をつなげるよ。
- 会話らしく感情をこめて読もう。

**ナビクイズ例題**

M : **Hi Jane**./ I'm_at the **airpor**t./ I've **just** been_**inform**ed/ that my **fligh**t has been **cancel**ed **due** to the **weather**.

W : **Oh**, **that**'s **too ba**d./ Will you be **able** to **make**_it to the **conference**?

M : **Well**, I'm **going** to **rent**_a **car**/ and **drive** to **Seattle**.

W : I **hope** there's **one**_**available**./ You **need** to **be here** by **1:00** P.M. for your **presentation**.

> **訳** M: こんにちは、Jane。私は空港にいます。私のフライトが天候のせいでキャンセルされると、たった今言われたんです。
>
> W: まあ、それは大変ですね。会議に間に合わせることができますか。
>
> M: ええと、車を借りてSeattleまで運転していこうと思います。
>
> W: 借りられる車があるといいですね。プレゼンテーションのために午後1時までにはここにいらしていただく必要があります。

練習回数分をマークしておきましょう
①②③④⑤⑥⑦⑧⑨⑩

# 14

🔊 22_14　🔊 23_14

- 太字の単語ははっきりとメリハリをつけて読もう。
- 子音終わりの後の母音始まりは音をつなげるよ。
- スラッシュのあるところまで一気に読もう。

**ナビクイズ例題**

W : **Hi**, I've **just moved** to **London**,/ and_I'd **like** to **open_an_account here**/ so tha**t** my **employer** can **transfer** my **wages**.

M : **Sure, here**'s_an_**application form**./ **Please fill_it_out** and **bring** i**t** ba**ck**/ with some **photo identification like_**a **passport** or_a **driver's license**.

W : **Thanks**./ **How long** will_i**t** ta**ke** to **crea**te the **account**?

M : **No**t **too long**./ I**t** shoul**d** be **ready** by **lunchtime**.

> 訳　W: こんにちは。私はちょうどロンドンに引っ越してきたばかりで、雇用主が私の給料を振り込めるように、口座をこちらで開きたいのですが。
> M: もちろんです。こちらに申込用紙があります。それに記入して、パスポートや運転免許証のような写真付き身分証明書と一緒にお持ちください。
> W: ありがとうございます。口座を作るにはどれくらいの時間がかかりますか。
> M: それほど長くはかかりません。昼食時までにはできるはずです。

# 15

🔊 22_15  🔊 23_15

・ スラッシュのあるところまで一気に読もう。
・ 太字の部分を大きくはっきり発音しよう。
・ プチプチ切れないようにつなげて読もう。

**ナビクイズ例題**

W : We've been_**asked** to **sponsor** a **local festival**./ If we **provide more than $5,000**,/ they'll **put_up_a sign** with_our **company logo** at the **festival**/ and **leave**_it_up_until **next_year's festival**.

M : I **guess**_it **depends**_on **how visible** the **sign** will be./ **Where**_are they **holding** the **festival**?

W : I've **forgotten** the **name**_of the **park**./ It's the **one**_on **Pitt Street** across the **road** from the **Amber Hotel**.

M : I **know** the **one**.

訳　W: 私たちは地元のお祭りの後援をするように頼まれました。もし私たちが5,000ドル以上提供すれば、会社のロゴがついた看板を掲げてくれて、次年度のお祭りまでそこに置いてくれるということです。
　　M: どれくらいその看板が目を引くかにもよりますね。どこでそのお祭りは開かれるのですか。
　　W: その公園の名前を忘れてしまいました。それはPitt Street沿いのAmber Hotelから道路を渡った向かい側です。
　　M: その公園は知っています。

# 16

🔊 22_16  🔊 23_16

- 太字の単語ははっきり、それ以外の単語は素早く発音しよう。
- スラッシュのあるところまで一気に読もう。
- 子音終わりの後の母音始まりは音をつなげるよ。
- スマホで録音し、上達を確認しよう。

**ナビクイズ例題**

M : **Excuse** me./ I'm **looking** for_a **magazine**_on **modern**_**architecture**./ It's **last** month's_issue,/ so you might not **have**_it_**anymore**.

W : We **usually keep magazines** for_around **three months**,/ so if we **have**_a **subscription**,/ it should **still be here**./ **Patrons**_aren't_**allowed** to **borrow magazines**/ —— they **have** to **look**_at them in the **reading section**.

M : I **see**./ I've_**already looked**_on the **shelf**.

W : I'll **check** the **catalog** for you./ **What**_is the **magazine called**?

**訳** M: すみません。現代建築の雑誌を探しています。先月号なのでもうないかもしれませんが。

W: 普通、雑誌は大体3カ月間保存しますので、もし定期購読していればまだここにあるはずです。利用者は雑誌を借りることはできません。雑誌は閲覧室で見なければいけません。

M: そうですか。もう棚は見たんです。

W: 目録を調べてみます。何という名前の雑誌ですか。

- 知らなかった単語を発音できるようにしよう。
- 棒読みにならないようにリズムに気をつけよう。
- 大きな声で人に伝える気持ちで読んでみよう。

ナビクイズ例題 →

**Summer** is **nearly** upon us,/ and **this** is the **perfect** time to **get** in **shape**.

**This Saturday** is the **grand opening** of **Carter's first fitness** center/ on the **Gold Coast**.

**We**'re **famous** for the **quality** of our **training equipment**,/ our **knowledgeable trainers**,/ and our **convenient operating hours**.

**Carter's** is **open 24 hours** a **day**,/ **seven days** a **week**.

**No other fitness club** on the **Gold Coast** can **make** that **claim**.

**People attending** the **event** on **Saturday** will **receive** a **coupon**/ **entitling** them to **30 percent** off their **first year's membership**.

So, **come in and** see us/ at **145 Diagon Street, Southport**.

訳　夏はもうすぐそこですし、今が体を鍛える完璧な時です。この土曜日にGold CoastにおけるCarter'sの最初のフィットネスセンターが新規開店します。私たちは、トレーニングの機器の質、知識の豊富なトレーナー、そして便利な営業時間で有名です。Carter'sは1日24時間、週7日営業しています。Gold Coastの他のフィットネスクラブではこのようなことは言えません。土曜日のイベントに出席する人々は、最初の年の会員権が30％割安になるクーポンを受け取ることができます。ですから、どうぞSouthportのDiagon Street 145番地にお越しください。

## 音読

**18** 🔊 22_18 🔊 23_18

・ 知らなかった単語の発音ができるようにしよう。
・ 太字の単語ははっきり読もう。
・ 太字以外はさっと流すように発音しよう。

**ナビクイズ例題**

I'm **pleased** to **inform** you/ that **we** have **received**_a **shipment**_of **new** uniforms/ for_**everyone working** in the **manufacturing plant**.

There_are **safety items**/ **including boots, gloves**, and **helmets**.

At the **end**_of your **shift today**,/ **please place**_your_**old** uniforms_in the **garbage can** in the **changing rooms**.

You can **pick**_up your **new uniforms** from the **reception desk**/ as_you **leave** the **building**.

**Make sure** you **place**_a **mark next** to your **name**/ on the **list provided** there.

---

**訳** 製造工場で働く皆さんの新しいユニフォームの発送品が届きましたことを皆さんにお知らせでき、うれしく思います。それらには、ブーツ、グローブ、ヘルメットなどの保護具が入っています。今日のあなたがたの勤務時間が終了するときに、更衣室のごみ箱の中に古いユニフォームを入れてください。新しいユニフォームは、建物を出るときに受付で受け取ることができます。受付にある名簿の自分の名前の横に印をつけることを忘れないでください。

## 19

🔊 22_19  🔊 23_19

・音声をまねして強弱をつけて発音しよう。
・スラッシュのあるところまで一気に読めるようにしよう。
・大きな声で自信を持って発音してみよう。

**ナビクイズ例題**

**Hi**, Mr. **Lee**.

**This**_is **Leslie Getz** from **Freeway Travel**.

I'm **calling** to **confirm** your **travel**_**arrangements**/ for **May 20** and **25**.

I've **booked**_you a **seat**_on **Flight 342**/ **flying** from **Seattle** to **New York**/
at **7:10** on **Friday evening**.

Your **return flight** will **depart**/ from **New York JFK Airport** at **4:50**.

You'll be **staying**/ at the **recently renovated Royal Benjamin Hotel**.

The **hotel**_is within **walking distance**_of **Kline Corporation's headquarters**.

At the **moment**,/ you **don't have**_any **dinner reservations**.

**Breakfast**_**is**_**included**_in your **hotel stay**.

**However**,/ it_is **necessary** to **let** them **know**/ **what time** you **plan** to **eat**.

I'd_**appreciate**_it/ if you could **call** me **back** with that_**information**.

訳　こんにちは、Leeさん。Freeway TravelのLeslie Getzです。5月20日と25日の旅行手配の確認のためにお電話をしています。金曜日の夕方7時10分にSeattleからNew Yorkに飛ぶフライト342便の席を予約しました。帰りの便はNew YorkのJFK空港を4時50分に発ちます。最近改装されたRoyal Benjamin Hotelに滞在の予定です。そのホテルはKline Corporationの本社から歩いて行ける距離にあります。今のところ夕食の予約はありません。朝食は滞在に含まれています。しかしながら、何時に食事をとる予定かを彼らに知らせる必要があります。その情報について私に折り返し電話をいただけましたら幸いに存じます。

## 20

🔊 22_20　🔊 23_20

- 知らなかった単語を発音できるようにしよう。
- スラッシュのあるところまで一気に読もう。
- 音の連結と脱落はできているか、録音して確認しよう。

**ナビクイズ例題**

**Good_afternoon, everyone**.

I **have one topic** to **discuss**/ **before** we **begin** the **updates** from the **various sections**.

**Next month**,/ we will be **expanding** the **parking lot**.

**However**,/ in_**order** to **do so**,/ we **need** to **grant access** to a **construction crew** and their **vehicles**.

It **means**/ that **people** who **park**_on the **east side**_of the **parking lot**/ will **have** to **park elsewhere** for_a **week**.

If you **bring** your **parking receipts**/ to the **general_affairs_office** at the **end**_of the **week**,/ you'll **receive full reimbursement**.

I **recommend Starr Parking** on **Scott Street**.

I'll **bring** it_**up**_on the **map** so that you can **see** it.

**Just_a moment**.

訳　こんにちは、皆さん。さまざまな部署からの最新情報の発表を始める前に1つ話し合うテーマがあります。来月、駐車場を拡大します。しかしながら、そうするために、建設作業員の皆さんや彼らの車に、駐車する権利を認める必要があります。すなわち、駐車場の東側に車を停めている人は1週間どこか他の場所に車を停めなくてはいけません。駐車場の領収書を週末に総務部に持っていくと、全額払い戻しを受けられます。私はScott StreetのStarr Parkingをお薦めします。皆さんに見えるように地図に示します。少々、お待ちください。

## 【著者紹介】

### 中村 信子 (Nobuko Nakamura)

広島大学学校教育学部卒。上智大学大学院博士課程満期退学。日本大学・東京家政大学・東洋英和女学院大学非常勤講師。言語学修士、中・高専修英語教員免許取得。TOEIC L&Rテスト990点取得。

### 山科 美智子 (Michiko Yamashina)

慶應義塾大学文学部卒。San José State University 大学院言語学専攻。The College of New Jersey 大学院教育学修士。元埼玉女子短期大学国際コミュニケーション学科准教授、中央大学・学習院女子大学非常勤講師。現在シカゴ在住。

| | |
|---|---|
| 編　集 | 株式会社 エンガワ |
| 問題作成・英文校正 | Ross Tulloch |
| イラスト | 矢戸優人 |
| 校正 | 株式会社 鷗来堂 |
| 装丁 | Boogie Design |
| 本文デザイン・DTP | 株式会社 創樹 |
| 音源制作 | 株式会社 アート・クエスト |
| 収録ディレクション | 中村秀和 |
| ナレーター | Howard Colefield(米)／Carolyn Miller(加)／Lynne Hobday (英)／Kelvin Barnes(豪) |

写真提供

p.12 指示文と例題 ©Szepy/www.istockphoto.com/jp
p.12-1. ©vasiliki/www.istockphoto.com/jp
p.12-2. ©Drazen_/www.istockphoto.com/jp
p.13-3. ©Neustockimages/www.istockphoto.com/jp
p.13-4. ©Sergio Hernán Gonzalez/www.istockphoto.com/jp
p.13-5. ©DarioGaona/www.istockphoto.com/jp
p.13-6. ©THEPALMER/www.istockphoto.com/jp
p.14 ©LightFieldStudios/www.istockphoto.com/jp
p.16 ©South_agency/www.istockphoto.com/jp
p.17 上 /p.122 上 ©BrilliantEye/www.istockphoto.com/jp
p.17 下 /p.122 下 ©webphotographeer/www.istockphoto.com/jp

p.18 ©RossHelen/www.istockphoto.com/jp
p.20 ©AzmanJaka/www.istockphoto.com/jp
p.21 上 /p.123 上 ©RelaxFoto.de/www.istockphoto.com/jp
p.21 下 /p.123 下 ©jacoblund/www.istockphoto.com/jp
p.22 ©Ellita/www.istockphoto.com/jp
p.24 ©ablokhin/www.istockphoto.com/jp
p.25 上 /p.124 上 ©Nobuko Nakamura
p.25 下 /p.124 下 ©NicoElNino/www.istockphoto.com/jp
p.111 上 /p.156 ©Hispanolistic/www.istockphoto.com/jp
p.111 下 /p.157 ©500/www.istockphoto.com/jp

# TOEIC® L&Rテスト リスニング 解き方のスタートライン

2021年11月1日　初版第1刷発行

| | |
|---|---|
| 著　者 | 中村信子／山科美智子 |
| 発行者 | 藤嵜政子 |
| 発行所 | 株式会社 スリーエーネットワーク |
| | 〒102-0083 東京都千代田区麹町3丁目4番 トラスティ麹町ビル2F |
| | 電話：03-5275-2722 [ 営業]　03-5275-2726 [ 編集] |
| | https://www.3anet.co.jp/ |
| 印刷・製本 | 株式会社 Sun Fuerza |